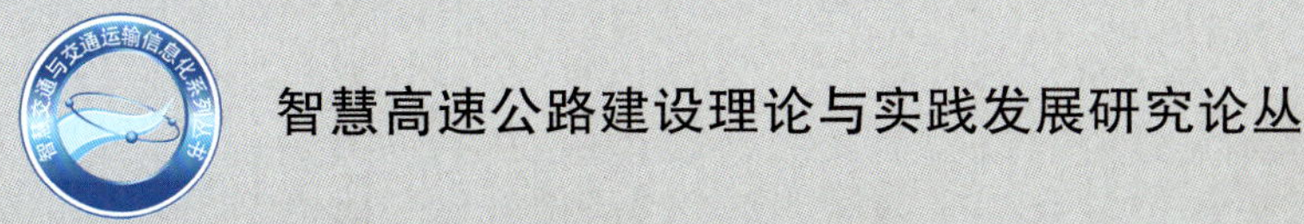

智慧高速公路数据中心建设与运营

冉　斌　张　健　李　锐　孙兴焕　编著

内 容 提 要

本书是《智慧高速公路建设理论与实践发展研究论丛》的重要组成部分，分别从理论与实践两个方面介绍智慧高速公路建设的相关内容。理论部分主要介绍了数据中心的发展过程、系统功能和资源保障等内容；实践部分则以我国第一个省级智慧高速公路示范区——江苏省智慧高速公路营运管理信息化建设示范区为例，系统介绍了江苏省智慧高速公路营运管理信息化数据中心建设的概况、目标、架构、功能、展示效果、硬件支持与安全保障等内容。

本书可供从事智慧高速公路管理、设计、建设工作的人员使用，也可供相关工作研究人员参考。

图书在版编目(CIP)数据

智慧高速公路数据中心建设与运营 / 冉斌等编著. — 北京：人民交通出版社股份有限公司，2016.4

ISBN 978-7-114-12951-3

Ⅰ. ①智… Ⅱ. ①冉… Ⅲ. ①信息技术—应用—高速公路—道路建设—研究—中国 Ⅳ. ①F542.3-39

中国版本图书馆 CIP 数据核字(2016)第 079624 号

智慧高速公路建设理论与实践发展研究论丛

书　　名：智慧高速公路数据中心建设与运营
著 作 者：冉　斌　张　健　李　锐　孙兴焕
责任编辑：郭红蕊　韩亚楠
出版发行：人民交通出版社股份有限公司
地　　址：(100011)北京市朝阳区安定门外外馆斜街 3 号
网　　址：http://www.ccpress.com.cn
销售电话：(010)59757973
总 经 销：人民交通出版社股份有限公司发行部
经　　销：各地新华书店
印　　刷：北京盛通印刷股份有限公司
开　　本：880×1230　1/16
印　　张：8.25
字　　数：226 千
版　　次：2016 年 4 月　第 1 版
印　　次：2016 年 4 月　第 1 次印刷
书　　号：ISBN 978-7-114-12951-3
定　　价：80.00 元

《智慧高速公路建设理论与实践发展研究论丛》编委会

参　编　单　位

序言

FOREWORD

经济全球化和社会信息化是当今世界发展的重要标志，继互联网技术之后，物联网、云计算、大数据等技术的迅猛发展，极大地加快了经济全球化和社会信息化的进程，使人们的沟通和联系越来越便捷。信息技术已经深入社会经济活动的各个领域，改变着我们的生活，影响着我们的行为方式。

智慧交通是当今国际交通运输领域的发展前沿之一，它是高新技术在交通领域集成应用的产物。从国内外智慧交通的发展和应用看，其是信息技术与传统产业结合而创造出的新领域，智慧交通借助新一代信息技术的发展，既能提升交通服务水平、实现现代交通运输服务，又可为国家战略性新兴产业提供广阔应用环境。新一代信息技术在交通领域的应用，不但使交通服务更加丰富和人性化、使交通运输系统效率更高，还将在信息技术与交通科学技术的交叉点上产生创新。可以说新一代信息技术发展，既为智慧交通发展提供了新动力，也是交通领域加快转变经济发展方式的具体体现。

智慧交通是提升交通运输服务水平的有效途径，也是推动交通运输转型升级的重要支撑。2011 年 6 月，交通运输部出台的《公路水路交通运输“十二五”科技发展规划》(交科技发〔2011〕234 号)，明确交通运输科技发展必须紧紧围绕科学发展这一主题、加快转变发展方式这条主线，着力提高创新能力，持续推进科技进步与创新，支撑和引领交通运输科学发展。高速公路是交通运输体系的一个重要组成部分，对国民经济和社会发展起着重要作用。高速公路网作为重要的交通基础网络，加快路网建设、创新发展、提高信息化智能化水平已是大势所趋，许多先进创新成果的应用已成为高速公路路网持续发展提升的核心驱动力。

智慧高速公路是智慧交通发展中的重要环节，其核心在于创新高速公路运行服务的体制机制和商业模式，整合资源、统一平台、共建共享、协同管理、智慧服务。经过近几年的发展，高速公路建设在交通事故应急处置、偷逃通行费防范打击、交通状态实时监测预警、公众出行全方式全方位服务等方面均取得了显著效果。打造智慧高速公路，将加快交通运输行业科技成果的转化，充分发挥科学技术在转变发展方式、发展现代交通运输业中的支撑和引领作用。加大新技术的集成、推广应用和关键技术的研究创新，能够提升高速公路运营与服务智能化信息化水平，切实解决智能化平台营运管理的各种问题，从而实现高速公路运行管理的跨越式发展。这与交通运输部部长杨传堂在全国交通运输工作会上提出的加快推进“四个交通”发展不谋而合。“综合交通是核心，智慧交通是关键，绿色交通是引领，平安交通是基础”。本套论丛对智慧高速公路建设发展的探求，正是“智慧交通”在高速公路领域的实例化体现，是对其深刻学习领悟后的创造性应用成果。

江苏省智慧高速的发展，从高速公路全路网信息化顶层设计、系统架构、数据采集平台、数据中心、指挥调度平台、公众服务平台、决策支持系统、运行维护系统、相关配套工程等多个方面进行了设计与实施建设。《智慧高速公路建设理论与实践发展研究论丛》在对国内外交通信息化智能化建设经验进行充分研究的基础上，结合江苏省高速公路信息化智能化的工程实践经验，分别从高速公路信息化总体工程、数据采集平台、数据中心、公众服务平台、指挥调度平台、运行维护平台等进行了系统分析与深入思考，并从理论分析与工程实践相结合的角度对高速公路信息化系统设计、实施等方面进行全面介绍。丛书提出了高速公路信息化建设的顶层设计思路与总体框架内容，系统阐述了数据中心在高速公路信息化建设过程中的重要位置，详细地介绍了高速公路信息采集技术、数据中心、指挥调度系统、公众服务系统、运行维护系统的功能与用途。丛书通过对江苏智慧高速公路这一交通运输部科技示范工程创新成果的凝练以及对信息化智能化建设成果的总结，为全国高速公路信息化智能化建设的推进提供了借鉴与参考。

现代科学技术发展日新月异，新技术应用与交通科技创新相辅相成、相得益彰。智慧高速公路的建设，将进一步丰富智慧交通的发展内涵，打造便捷、高效、绿色、安全的出行环境，推动现代交通运输体系服务水平提升，从而为我国社会主义现代化建设提供有力保障。

中国智能交通协会理事长

吴忠泽

前言

PREFACE

《智慧高速公路数据中心建设与运营》作为《智慧高速公路建设理论与实践发展研究论丛》系列丛书的重要组成部分，分别从理论与实践两个方面介绍智慧高速公路建设的相关内容。理论部分主要介绍了数据中心的发展过程、系统功能和资源保障等内容；实践部分则以我国第一个省级智慧高速公路示范区——江苏省智慧高速公路营运管理信息化建设示范区为例，系统介绍了江苏省智慧高速公路营运管理信息化数据中心建设的概况、目标、架构、功能、展示效果、硬件支持与安全保障等内容，以期为其他省市智慧高速公路数据中心建设提供参考与借鉴。

本册面向智慧高速公路数据中心相关规划、设计、实施、管理及研究人员，系统介绍智慧高速公路数据中心的理论体系与实践经验。

本册内容有利于智慧高速公路数据中心相关建设、管理和研究者了解智慧高速数据中心的发展历程及在江苏省高速公路运营与服务智能化建设中的实际应用，为建设者与管理者提供了如何开展建设和管理的经验，同时为从事智能交通系统、智慧高速公路体系相关的研究人员提供理论与实践基础。

作　者

2016 年 3 月

导读

INTRODUCTION

《智慧高速公路建设理论与实践发展研究论丛》系列丛书以高速公路营运管理和公众服务的现代化、信息化和智能化为理论导向，立足江苏省智慧高速公路建设实践，旨在为高速公路营运管理者提供理论和经验借鉴，为智能交通系统理论的研究和实践奠定基础。本丛书共六册，包含《智慧高速公路理论与实践总论》、《智慧高速公路信息采集技术与应用》、《智慧高速公路数据中心建设与运营》、《智慧高速公路指挥调度系统建设与运营》、《智慧高速公路公众服务平台建设与运营》、《智慧高速公路运行维护管理系统建设》，详细阐述了智慧高速公路总体设计原理与建设实践、各重要子平台系统的理论和实践。

《智慧高速公路理论与实践总论》统领本套丛书，率先界定了智慧高速公路的内涵，阐述了智慧高速公路的发展历程，分析了智慧高速公路的服务对象及其需求，明确了智慧高速公路的功能与技术需求。在此基础上，结合江苏省智慧高速建设实践经验，提出了高速公路运营与服务智能化平台的总体架构、系统功能以及技术要求，并概括性介绍了相关建设实施方法。

《智慧高速公路信息采集技术与应用》分上下篇，分别为信息采集理论篇和信息采集实践篇。理论篇包括交通信息的采集对象和交通信息自动化采集方法两部分内容，并对各种采集技术进行了对比分析；实践篇以江苏省高速公路信息化平台信息采集系统为例，从需求分析、系统设计和系统布设原则及方案三个方面进行了全面的阐述，以期为其他省市智慧高速公路信息采集系统的建设提供参考与借鉴。

《智慧高速公路数据中心建设与运营》分上下篇，分别为数据中心理论篇和数据中心实践篇。理论篇包括数据中心的发展历程、经典架构、数据存储、数据挖掘、安全与节能、机房建设等内容；实践篇以我国第一个省级智慧高速公路示范区为例，系统介绍了江苏省高速公路数据中心的建设实践，以期为其他省市智慧高速公路数据中心建设提供参考与借鉴。

《智慧高速公路指挥调度系统建设与运营》分上下篇，分别为指挥调度理论篇和指挥调度实践篇。理论篇对指挥调度平台进行了概述，介绍了平台业务需求和设计架构，描述了指挥调度平台各系统的业务流程、功能等内容；实践篇以江苏省高速公路现有指挥调度业务、系统为切入，介绍了江苏省高速公路联网营运管理中心与各联网成员单位指挥调度平台的相关内容。

《智慧高速公路公众服务平台建设与运营》分上下篇，分别为公众服务平台理论篇和实践篇。理论篇介绍了公众服务平台相关的基本概念，分析了公众服务平台的特点、建设模式、国内外发展现状、分类、体系结构和绩效评估方法，阐述了公众服务平台涉及的通信传输、服务器端等多项关键技术；实践篇通过案例分析，进一步阐述了科技服务、企业、政府、科研机构四类公众服务平台，并重点介绍了针对江苏高速公路公众服务业务需求进行设计的江苏省高速公路公众服务平台的相关内容。

《智慧高速公路运行维护管理系统建设》分上下篇，分别为运行维护管理理论篇和实践篇。理论篇介绍 IT 服务管理、ITIL 等相关理论内容；实践篇结合高速公路营运管理信息系统的独有特点，分析智慧高速公路运行维护管理系统特征和 IT 服务管理需求，探讨面向高速公路运营行业的 IT 服务管理方法，介绍了江苏省高速公路智能化信息平台的运维系统建设方案及相关内容。

在丛书的撰写和出版过程中，得到了众多行业领导、专家、老师们的关心与支持，在此表示衷心的感谢！衷心感谢交通运输部周伟总工程师、赵冲久总工程师，科技司庞松司长、洪晓枫副司长、邹力副巡视员，交通部西部交通建设科技项目管理中心杨新征副主任等领导一直以来对丛书的关心与支持。十分感谢交通运输部路网监测与应急处置中心李作敏主任、李爱民副主任，交通运输部科学研究院王晓曼书记，中国交通通信信息中心岑晏青副主任，交通运输部公路科学研究院总工程师王笑京和 ITS 中心李斌主任对丛书提出的宝贵意见。非常感谢江苏省人大常委会副主任、党组副书记史和平，江苏省交通运输厅游庆仲厅长、金凌副厅长、厅运输管理局蒋振雄局长、科技处王绍坤处长、陆毅副调研员，江苏省经济和信息化委员会信息化推进处赵卫强处长，对丛书写作与出版的支持和帮助。特别感谢江苏交通控股有限公司原董事长杨根林、总经理常青对丛书写作调研工作给予的大力支持。此外，感谢东南大学易红校长、刘京南副书记、王保平副校长、林萍华副校长、浦跃朴副校长、刘波副校长、郑家茂副校长、沈炯副校长、黄大卫副校长、党委宣传部毛惠西部长，东南大学土建交通学部王炜主任，交通学院秦霞书记以及过秀成教授在丛书写作和出版过程中给予的帮助。

在丛书的编写工作中，东南大学物联网交通应用研究中心的何赏璐、纪翔峰、杨彬彬、马春景、李梦甜、尹婷婷等研究生参与了《智慧高速公路理论与实践总论》分册的编写；张维、王浩森、李志伟、余东豪、丁婉婷等研究生参与了《智慧高速公路信息采集技术与应用》分册的编写；纪翔峰、展凤萍、杨彬彬、葛志鹏、余东豪等研究生参与了《智慧高速公路数据中心建设与运营》分册的编写；钟罡、李志伟、张雯靓等研究生参与

了《智慧高速公路指挥调度系统建设与运营》分册的编写；纪翔峰、聂建强、钟罡、杨彬彬、徐凌慧、佘东豪、丁婉婷、黄帅凤、张雯靓、陈信超等研究生参与了《智慧高速公路公众服务平台建设与运营》分册的编写；王翀、佘东豪、丁婉婷等研究生参与了《智慧高速公路运营维护管理系统建设》分册的编写。借此向所有参与本丛书编写的工作人员表示衷心的感谢！

此外，本丛书参阅了大量国内外相关文献资料，书中未能一一列出，借此也向这些著作和文献资料的原作者们表示衷心的感谢！

目录

CONTENTS

上篇 理 论 篇

下篇 实 践 篇

SHANGPIAN
LILUN PIAN

上篇

理论篇

1 数据中心概述

数据中心是指用于安置计算机系统及相关部件的设施，例如电信和储存系统。它一般它包含冗余和备用电源，冗余数据通信连接，环境控制(例如空调、灭火器)和各种安全设备。数据中心已被应用于国防、金融、教育、医疗、交通建设等各行各业，并给我们带来了前所未有的科技体验。

在传统的计算机系统中，一个应用程序只运行于一台机器上；而在数据中心中，应用程序提供的是网络服务，可能由几十个甚至更多的独立程序组成。这些独立的小程序通过共同协作，完成诸如搜索、电子邮件查询或地图查找等复杂的终端用户服务。

传统的数据中心往往为大量相对较小或中等大小的程序服务，每个应用程序运行在专用的硬件设备上。这些传统的数据中心为多个组织或不同的公司管理硬件和软件，各个数据中心在硬件、软件、设施维护等方面几乎没有共同点，彼此之间也并不通信。与传统的数据中心不同，如今的数据中心往往由一个公司运营，使用相同的硬件和系统软件平台，共享同一系统管理层。与传统的数据中心中运行的第三方软件相比，如今的数据中心中的大部分应用、中间件和系统软件是在数据中心内部搭建的。最重要的是，数据中心运行的大型应用程序和互联网服务数量比较少，部署起来相对容易。相同的需求、集中式的控制和不断增加的市场需求促使设计人员使用新的方法来构建和操作这些系统。

1.1 功能演变

随着技术的发展和应用及相关机构对 IT 认识的不断深入，数据中心的内涵已经发生了巨大的变化。在数据中心的发展历程中，可将其分为四个阶段：数据存储中心阶段、数据处理中心阶段、数据应用中心阶段和数据运营服务中心阶段。

1)数据存储中心阶段

在数据存储中心阶段，数据中心主要承担的功能是数据存储和管理，在信息化建设早期，用来作为 OA 机房或电子文档的集中管理场所。此阶段的典型特征是：

(1)数据中心仅仅是便于数据的集中存放和管理；

(2)数据单向存储和应用；

(3)救火式的维护；

(4)关注新技术的应用；

(5)由于数据中心的功能比较单一，对整体可用性需求也很低。

2)数据处理中心阶段

在数据处理中心阶段，基于局域网及其他的行业应用系统开始普遍应用，数据中心开始承担核心计算的功能。此阶段的典型特征是：

(1)面向核心计算；

(2)数据单项应用；

(3)机构开始组织专门的人员进行集中维护；

(4)对计算的效率及对机构运营效率的提高开始关注；

(5)整体上可用性较低。

3)数据应用中心阶段

随着基于机构广域网或互联网的大型应用开始普及，信息资源日益丰富，挖掘和利用信息资源得到越来越多的关注，数据中心进入应用阶段。组件化技术及平台化技术广泛应用，数据中心承担着核心计算和核心的业务运营支撑。此阶段的特征是：

(1)面向业务需求，数据中心提供可靠的业务支撑；

(2)数据中心提供单向的信息资源服务；

(3)对系统维护上升到管理的高度，从事后处理到事前预防；

(4)开始关注IT的绩效；

(5)数据中心要求具有较高的可用性。

4)数据运营服务中心阶段

随着科技的不断发展，基于互联网的组件化、平台化、智能化等技术将在更大范围内被应用，数据中心也将承担着组织的核心运营支撑、信息资源服务、核心计算、数据存储和备份，并确保业务可持续性计划正常实施等方面的功能。在这个阶段，数据中心将作为机构的数据运营服务中心，并具有以下特征：

(1)机构数据中心不仅管理和维护各种信息资源，而且运营信息资源，确保价值最大化；

(2)IT应用随需应变，系统更加柔性，与业务运营融合在一起，实时的互动，很难将业务与IT技术独立分开；

(3)IT服务管理成为一种标准化的工作，并借助IT技术实现集中的自动化管理；

(4)IT绩效成为IT服务管理工作的一部分；

(5)不仅关注IT服务的效率，IT服务质量也成为关注重点；

(6)数据中心要求具有高可用性。

1.2 等级划分

《电子信息系统机房设计规范》(GB 50174—2008)对数据中心、信息中心、计算中心、计算机房等各类电子信息系统机房的设计进行了规范，主要根据使用性质、管理要求及其在经济和社会中的重要性划分为A(容错型)、B(冗余型)、C(基本型)三级。

其中，A级机房是最高级别，主要针对电子信息系统运行一旦中断，将造成重大的经济损失或公共场所秩序严重混乱的应用情况，例如：国际气象台、国家级信息中心、计算中心，重要的军事指挥部门，大、中城市的机场、广播电台、电视台、应急指挥中心，银行总行等。A级电子信息系统机房内的场地设备应按容错系统配置，在电子信息系统运行期间，场地设备不应因操作失误、设备故障、外电源中断、维护和检修而导致电子信息系统运行中断。

B级机房，主要针对电子信息系统运行中断，将造成一定社会秩序混乱和一定经济损失的情况，例如：科研院所、高等院校、三级医院、大中城市的气象台、信息中心、疾病预防及控制中心、电力调度中心、交通(铁路、公路、水运)指挥调度中心、国际会议中心、国际体育比赛场馆、省部级以上政府办公楼等。B级电子信息系统机房内的场地设备应按冗余要求配置，在系统运行期间，场地设备在冗余能力范围内，不应因设备故障而导致电子信息系统运行中断。

除A级与B级之外的电子信息系统机房为C级。C级电子信息系统机房内的场地设备应按基本需求配置，在场地设备正常运行情况下，应保证电子信息系统运行不中断。

另外，美国通信行业协会的《数据中心通信设施标准》(TIA/EIA—942)提供了数据中心的划分方法(如表1-1所示)，并对建筑结构、安全性、电气、机械、接地及防火保护等提出不同要求。该分级方法将数据中心分为四级，从T1级到T4级，可靠性逐级提高。其中，T1级为无冗余，T4级则提供了最高等级的故障容错。与我国的《电子信息系统机房设计规范》分级标准的对应关系是：T4级对应A级，T2级对应B级，T1级对应C级，T3级可以归类为A级。

TIA/EIA—942 机房分类等级　　表 1-1

级　别	数据中心可用性(%)	每年由于基础设施引起的 IT 服务中断时间(h)
T1(基本无冗余)	99.67	28.8
T2(具有冗余单位)	99.75	22.0
T3(可并行维护)	99.98	1.6
T4(容错)	99.99	0.4

数据来源：The Classification Define Site Infrastructure Performance，Uptime。

1.3 技术热点

随着计算机、通信等技术的飞速发展，数据中心正通过整合自动化、资源整合与管理、虚拟化、安全以及能源管理等新技术来应对目前普遍存在的成本快速增加、资源管理日益复杂、信息安全日益重要等方面的严峻挑战，并被打造成与行业/企业业务动态发展相适应的新一代行业/企业基础设施。新一代数据中心所倡导的“节能、高效、简化管理”，也已经成为众多数据中心建设时的参考标准。

1.3.1 云计算

提供资源的网络被称为云。云计算是基于互联网的相关服务的增加、使用和交付模式，通常涉及通过互联网来提供动态易扩展且经常是虚拟化的资源。云计算是分布式计算、并行计算、效用计算、网络存储、虚拟化、负载均衡、热备份冗余等传统计算机和网络技术发展融合的产物，具有超大规模、虚拟化、高可靠性、高可扩展性、按需服务、潜在危险性等方面的特点。目前，云计算主要应用于“云物联”、“云安全”、“云存储”、“云游戏”、“云服务”等方面。与传统模式相比，云计算具有以下特点(如表 1-2 所示)。

云计算与传统模式特点比较　　表 1-2

比较项	传统模式	云计算模式
接入方式	用户通过 LAN 等方式连接到传统数据中心	用户可以在任意位置，通过互联网连接到云中
应用使用方式	通常用户需要将应用安装到本地后才能使用	用户可直接使用云提供的各种应用服务，而不需要在终端上安装具体应用
服务器类型及数量	大型服务器，数量较少	小型服务器，数量庞大
应用于服务器关系	具体的应用智能运行在具体的服务器上	应用运行都在服务器群上，不与具体的服务器绑定

1.3.1.1 云计算分类

按照使用范围和规模，云计算有三种部署模式：公有云、私有云和混合云。

1)公有云

公有云(Public Cloud)，是指云提供商在不同的区域建立多个数据中心，通过虚拟化和网络将所有的资源整合到一个巨大的“资源池”中，再通过云平台和互联网向用户提供服务。由于资源的使用权完全公有，可以将资源分配给任意一个用户，因此这种云被称为“公有云”，如图 1-1 所示。

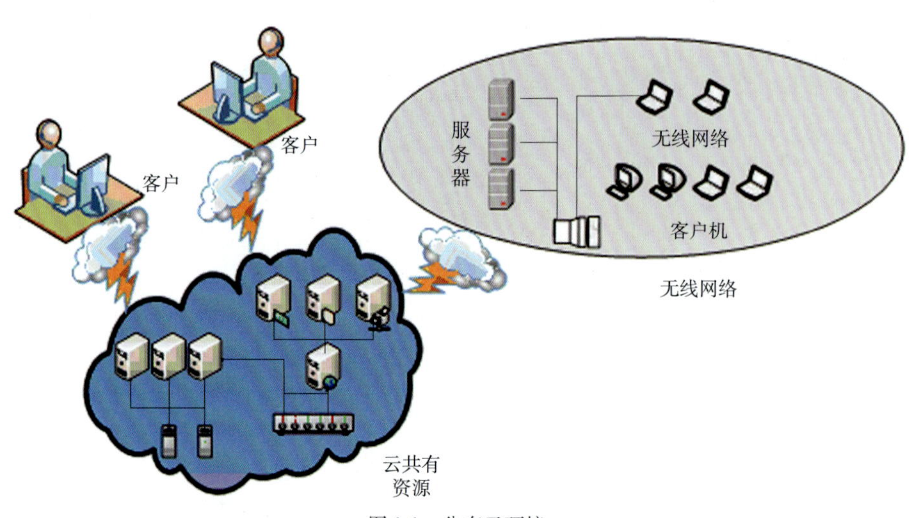

图 1-1　公有云环境

对于云提供商来说，在云端已经提供了海量的资源，这些资源并非供内部使用，而是全部提供给外部的用户，并根据相应的标准进行收费；对于客户来说，可以通过租用云平台中已经搭建并测试通过的硬件资源或者成熟的信息系统开展相关应用。

2）私有云

公有云将资源提供给租用企业，但是有些企业基于数据的安全性、资料的敏感性，不便将应用迁移到公有云，或者企业有自己的数据中心，未必需要将资源交付到公有云。因此，私有云的应用环境应运而生。

私有云（Private Clouds）被部署在企业内部网络中，受到企业数据中心防火墙的保护，常见的私有云建设模型如图 1-2 所示。由于受到防火墙和安全策略的重点防护，安全模式没有太大的变化，因此私有云不会有公有云的那些疑虑或者担忧。除此之外，还有另外一种私有云模型——“托管式专用”模式，它是由大型云提供资源，并在公有云中建立基于企业数据中心的专用云。相对于公有云来说，托管式专用模式拥有了更多的管理权限和控制权限。

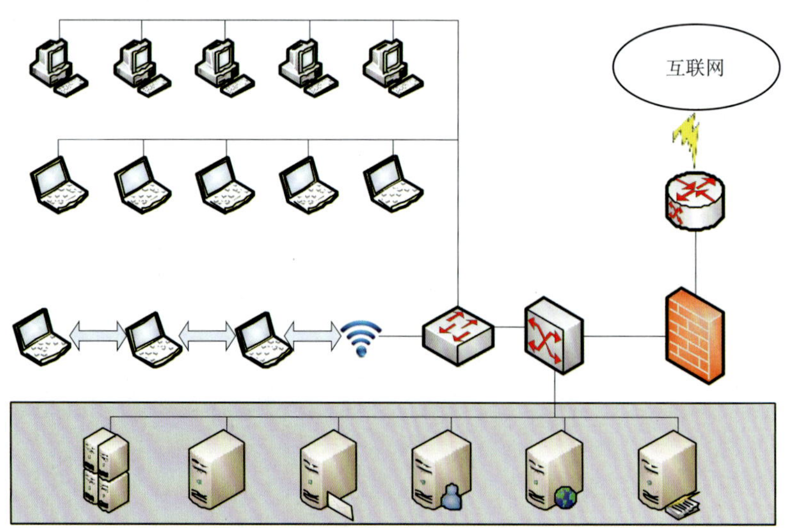

图 1-2　私有云环境

3）混合云

有了前面对公有云和私有云的介绍，对混合云的理解就更容易。混合云就是将两种云混合到一起，在企业和云端应用中既有公有云的应用，也有私有云的平台，如图 1-3 所示。

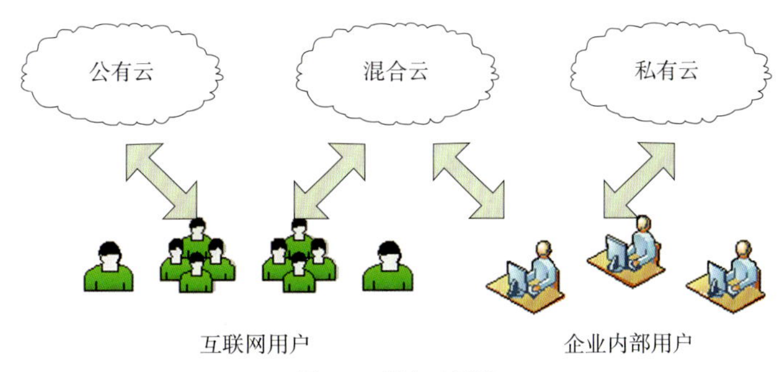

图 1-3　混合云环境

三种部署模式在性能、管理方式、安全性、成本、可扩展性等方面的特点如表 1-3 所示。

云计算三种部署模式特点比较　　表 1-3

部署模式 / 特点	私 有 云	公 有 云	混 合 云
性能	非常好	中等	良好。通过内部缓存活动内容以提高使用体验
管理方式	自行管理	第三方管理	使用者与第三方共同管理
安全性	最安全。所有存储都是内部部署	良好。取决于服务供应商所采取的安全措施	非常安全。因为集成选择项添加了一个额外的安全层
成本	较高。需要内部资源，如数据中心空间等	低。即用即付模式，对公司内部存储基础设施无要求	中等。缓存内容保存在内部，对内部存储设施有要求
可扩展性	有限	非常高	非常高

按照服务类型或者用户体验，云计算又可分为基础设施即服务(Infrastructure-as-a-Service，IAAS)、平台即服务(Platform-as-a-Service，PAAS)、软件即服务(Software-as-a-Service，SAAS)三种。

1)基础设施即服务(IAAS)

该种服务类型位于云服务的底层，提供基本的计算、存储能力。云计算提供商拥有数以万计的服务器，用户可以通过互联网来“租用”这些服务器以满足自己的 IT 需求。这种服务类型就是所说的：“将 IT 资源像自来水一样提供给用户”。

采用这种方式，可以满足非 IT 企业对 IT 资源的需求，同时不需花费大量资金购置服务器和雇佣更多的 IT 人员，这样可以使他们将主要精力放在自己的主业上。同时，这种云服务还使用自动化技术，根据用户的业务量自动分配合适的服务器数量，用户不必为自己业务的扩展或者收缩而考虑 IT 资源是否合适，且用户不必担心 IT 设施的折旧问题，只需根据自己的服务器使用量交付月租金即可。

2)平台即服务(PAAS)

平台即服务位于云计算的中间层，主要面向软件开发者或者软件开发商，提供基于互联网的软件开发测试平台。软件开发人员可以通过基于 web 等技术直接在云端编写自己的应用程序，同时可以将自己的应用程序托管到这个平台上。例如，Google 的 App Engine 就是一个可伸缩的 web 应用程序开发和托管平台，开发者可以在其平台上开发出自己的 web 程序并发布，且不需要担心自己的服务器能否承担未知的访问量，这样的平台无疑得到一些小型创业企业的青睐。

另外，这样的云平台还提供大量的 API 或者中间件供程序开发者使用，从而大大缩短了程序开发的周期，同时，程序代码存储在云端，很方便联合开发。最重要的是，用户不必顾虑自己发布的应用需要多少硬件支持，因为云端可以满足用户硬件需求。

1.3.2 虚拟化

虚拟化是一种资源管理技术，也是云计算非常关键的技术之一，是将计算机的各种实体资源，如服务器、网络、内存及存储等，予以抽象、转换后呈现出来，打破实体结构间的不可切割的障碍，使用户可以以比原本的组态更好的方式来应用这些资源。这些资源的新虚拟部分都不受现有资源的架设方式、地域或物理组态所限制。一般所指的虚拟化资源包括计算能力和资料存储。

1.3.2.1 虚拟化技术分类

提起虚拟化(Virtualization)，很多人会认为是指主机虚拟化，这是不正确的。虚拟化技术发展的40多年中，已经从最初的主机虚拟化发展到了如今的服务器虚拟化、网络虚拟化、存储虚拟化、桌面与应用虚拟化、微处理器虚拟化、内存虚拟化、操作系统虚拟化等多个方面。每种虚拟化都有其所对应的方案和技术，在企业应用的不同层面也存在着对不同虚拟化技术的需求。下面重点介绍几种目前比较常用的虚拟化技术。

1)服务器虚拟化

服务器虚拟化又称主机虚拟化，是指把一台物理服务器的资源抽象成逻辑资源，把一台服务器虚拟成多台相互隔离的虚拟服务器即虚拟机。虚拟机并不是真正的机器，但它能像真正的机器一样工作，每个虚拟机就像一台独立运行的服务器，有自己的一套虚拟硬件(如RAM、CPU、网卡等)。在上层的操作系统和软件看来，它们就是一台台相对独立的服务器，就像在其自身的硬件上运行一样。

通过将服务器资源分配到多个虚拟机，同一物理平台能够同时运行多个相同或不同类型的操作系统，作为不同业务和应用的支撑平台。在一台服务器上运行多个虚拟机不仅能够提高服务器的效率，减少管理和维护费用，当应用需求增加时，还可以迅速创建更多虚拟机而不增加物理服务器，从而降低硬件成本。

2)桌面虚拟化

桌面虚拟化，顾名思义就是将桌面的软件进行虚拟化改造的技术，即通过某种技术在中央服务器上虚拟出大量的虚拟桌面，并提供给成千上万的用户使用，使得用户仍然像使用桌面系统一样使用现有的桌面软件。但是，软件程序的执行却不是原来通常在本地进行执行的方式。目前，桌面虚拟化主要有以下几种主流技术。

(1)通过远程登录的方式使用服务器上的桌面。典型的系统有Windows下的Remote Desktop、Linux下的XServer或者VNC(Virtual Network Computing)。其特点是所有的软件都在服务器端执行，客户端只需运行一个远程的登录界面，登录到服务器，就能够看到桌面，并打开远程的程序。

(2)通过网络服务器的方式，运行改写过的桌面。典型的有Google的Office软件或者http://www.eyeos.corn/浏览器里面的桌面。这些软件通过对原来的桌面软件进行重写，从而能够在浏览器里运行完整的桌面或者程序。

(3)通过应用层虚拟化的方式提供桌面虚拟化。这种方式是通过软件打包，将软件在需要的时候推送到用户的桌面，在不需要的时候收回，以减少软件许可的使用。

桌面虚拟化技术不仅有助于缩减硬件升级采购成本并通过服务器集中部署简化管理，而且也能为用户提供定制化的虚拟PC。

3)网络虚拟化

网络虚拟化技术，是目前业界关于虚拟化细分领域界定不明确、存在争议较多的一个概念，基于网络的虚拟化产品还处在一个初级发展阶段。利用交换机中的虚拟路由特性，用户可以把一个企业的网络分隔成使用不同规则和控制多个不同功能模块的子网络。这样，用户就可以充分地利用交换机的功能，而不必再为此购买和安装新的设备，从而减少运营费用和技术复杂性。网络虚拟化技术分布在企业网络应用的各个层面与各个方面，不管是用户还是企业网络管理者都离不开网络虚拟化，虚拟化必将进一步推动网络的增长。

4）存储虚拟化

存储虚拟化是将实际的物理存储实体与存储的逻辑表示分离开，通过建立一个虚拟抽象层，将多种或多个物理存储设备映射到一个单一逻辑资源池中。从专业的角度来看，虚拟存储是介于物理存储设备和用户之间的一个中间层。这个中间层屏蔽了具体物理存储设备（磁盘、磁带）的物理特性，呈现给用户的是逻辑设备。用户对逻辑设备的管理和使用是经过虚拟存储层映射，来对具体物理设备进行管理和使用的。从用户的角度来看，用户所看到的是存储空间不是具体的物理存储设备，用户所管理的存储空间也不是具体的物理存储设备。用户可随意使用存储空间而不用关注物理存储硬件（磁盘、磁带），即不必关心底层物理设备的容量、类型和特性等，而只需要把注意力集中在其存储容量及安全模式的需求上。虚拟存储技术的使用有助于更充分地发挥现有存储硬件的能力和提高存储效率、提高安全性。

1.3.2.2 虚拟化技术的优势与不足

随着虚拟化技术的不断发展，其优势日益明显，但是虚拟化技术自身也存在一定的不足。

1）虚拟化技术的优势

虚拟化技术的优势主要体现在以下方面。

（1）灵活性。

应用虚拟化使应用能够在不兼容的环境下运行，例如在 Linux 设备上运行 Windows 应用。虚拟化应用还能提供同时运行多个不兼容应用程序的功能，而且这些应用程序不会受到彼此的影响。

（2）隔离性。

将应用从主机环境中隔离出来，以提供更好的安全性，降低应用出错影响整个系统的可能性。

（3）资源依赖。

和完整的虚拟机相比，虚拟应用对资源的依赖更小，在提供虚拟化优势的同时并不需要再依赖额外的资源。

（4）部署更简单。

虚拟化应用作为一个完整的实体存在，有自己的操作系统，与其他应用程序彼此隔离，只需要运行启动虚拟应用程序就能够完成部署。

2）虚拟化技术的不足

虚拟化技术也会在应用过程中产生一些问题。

（1）并不是所有的应用都能够被虚拟化。

某些应用程序直接调用硬件，必须运行在共享内存空间中或者需要只与专有设备兼容的特定设备驱动器，这些应用最好不要采用虚拟化。

（2）本地集成问题。

某些应用过度依赖于与特定的操作系统进行本地集成，而且需要直接调用操作系统才能够正常使用。

（3）兼容性问题。

在很多情况下，应用虚拟化只解决与文件以及注册表控制相关的兼容性问题。对于直接控制动态内存访问的应用程序来说，虚拟化无法避免这些调用而且可能会导致系统崩溃。

（4）许可问题。

应用虚拟化使复制以及部署应用变得非常简单。然而，这种虚拟化的操作方式会在一定程度上违背用户许可。

数据中心主要实现的是对数据的存储管理与分析挖掘，因此，其功能主要体现在数据存储与数据挖掘两个方面。

2.1 数据存储

数据存储就是将数据流在加工过程中产生的临时文件或加工过程中需要查找的信息以某种格式记录在计算机内部或外部存储介质上的过程。

2.1.1 数据存储方式

常见的数据存储方式有四种：在线存储、近线存储、脱机存储和异站保护。不同的存储方式在获取便利性、安全性和成本等方面存在差异。在多数环境下，四种存储方式被混合使用以达到最有效的存储效果。

1）在线存储

这种存储方式的数据获取最为便利，磁盘阵列是其中最典型的代表。这种存储方式的优点是读写非常方便迅捷，缺点是成本相对较高且容易因为误操作或者防病毒软件的误删除而使数据受到损害。

2）近线存储

比起在线存储，近线存储提供的数据获取便利性相对差一些，但其成本会低很多。磁带库是其中的一个典型代表。近线存储由于读取速度相对较慢，主要用于归档较不常用的数据。

3）脱机存储

这种存储方式指的是每次在读写数据时，必须人为地将存储介质放入存储系统。脱机存储用于永久或长期保存数据，而又不需要介质当前在线或连接到存储系统上。脱机存储的介质通常可以方便携带或转运，如磁带和移动硬盘。

4）异站保护

为了防止灾难或其他可能影响到整个站点的问题，许多人选择将重要的数据发送到其他站点来作为灾难恢复计划的一部分。这种存储方式保证即使站内数据丢失，其他站点仍有数据副本。异站保护可防止由自然灾害、人为错误或系统崩溃造成的数据丢失。

2.1.2 数据存储分类

2.1.2.1 分类简介

目前，磁盘存储市场上的存储主要有以下几种分类，如图 2-1 所示。

图 2-1　磁盘存储分类

（1）根据服务器类型存储可分为封闭系统的存储和开放系统的存储。封闭系统主要应用于大型机；开放系统则较多应用于依托各类操作系统的服务器。

（2）开放系统的存储分为内置存储和外挂存储。

（3）外挂存储根据连接的方式分为直连式存储（Direct-Attached Storage，简称 DAS）和网络存储（Fabric-Attached Storage，简称 FAS）；网络存储根据传输协议又分为网络接入存储（Network-Attached

Storage，简称 NAS）和存储区域网络（Storage Area Network，简称 SAN）。

2.1.2.2 存储解决方案

目前，绝大部分用户采用的是开放系统，其外挂存储占有目前磁盘存储市场的 70% 以上。市场上主流的存储解决方案主要为：直连式存储（DAS）、网络接入存储（NAS）、存储区域网络（SAN）。

1）DAS 数据存储方式

DAS 是 Direct-Attached Storage 的缩写，即“直接连接存储”，也可称为 SAS（Server-Attached Storage，服务器附加存储）。DAS 被定义为直接连接在各种服务器或客户端扩展接口下的数据存储设备，它依赖于服务器，其本身是硬件的堆叠，不带有任何存储操作系统。主机与存储设备的连接有多种方式：ATA、SATA、SCSI、FC（Fibre Channel）。在实际应用中大多采用 SCSI 方式，在这种方式中，存储设备是通过电缆（通常是 SCSI 接口电缆）直接到服务器的，I/O（输入/输入）请求直接发送到存储设备。在直连式存储中，数据存储是整个主机结构的一部分，在这种情况下，文件和数据的管理依赖于本机操作系统。操作系统对磁盘数据的读写与维护管理，要占用主机资源（包括 CPU、系统 IO 等）。其优点是，中间环节少，磁盘读写带宽的利用率高，购置成本也比较低。缺点是其扩展能力非常有限，数据存储占用主机资源，使得主机的性能受到相当大的影响，同时主机系统的软硬件故障会直接影响对存储数据的访问。DAS 数据存储方式具有以下特点：

（1）服务器在地理分布上很分散，通过 SAN（存储区域网络）或 NAS（网络直接存储）在它们之间进行互连非常困难；

（2）存储系统必须被直接连接到应用服务器，如图 2-2 所示；

（3）包括许多数据库应用和应用服务器在内的应用，它们需要直接连接到存储器上。

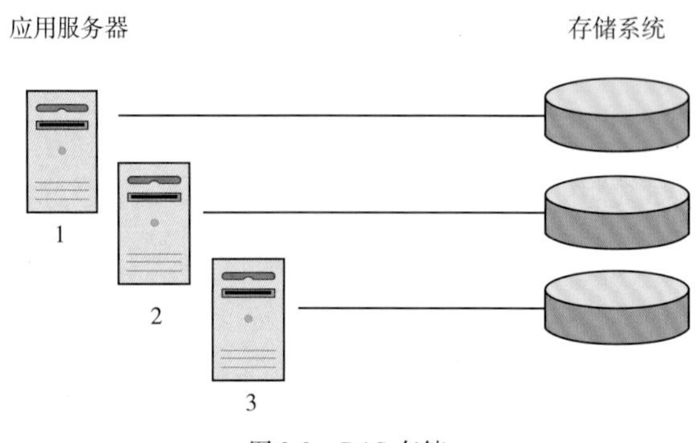

图 2-2　DAS 存储

2）NAS 数据存储方式

NAS（Network-Attached Storage，网络接入存储或称为网络直联存储设备、网络磁盘阵列），是一种专业的网络文件存储及文件备份设备，它是基于 LAN（局域网）的，按照 TCP/IP 协议进行通信，以文件的 I/O（输入/输出）方式进行数据传输。一个 NAS 里面包括核心处理器、文件服务管理工具，以及一个或者多个硬盘驱动器用于数据的存储。NAS 可以应用在任何的网络环境当中。主服务器和客户端可以非常方便地在 NAS 上存取任意格式的文件，包括 SMB 格式（Windows）、NFS 格式（Unix、Linux）和 CIFS 格式等。NAS 系统可以根据服务器或者客户端计算机发出的指令，完成对内在文件的管理。

由于 NAS 具有不受地域限制、高扩展性、低功耗、高度自动化、高可用性群集、数据备份安全精确等特点，因此 NAS 企业内部更适合用于重要部门，如财务、人事、客户等部门的数据存储备份的场合。NAS 可无需网络文件服务器，不依赖通用的操作系统，而是采用一个专门用于数据存储的简化操作系统，内置了与网络通信协议，其内嵌的操作系统及硬件体系结构专门针对文件管理和存储管理进行设计和优化，去掉了通用服务器的大多数计算及多媒体功能，能提供更加高效的服务。不仅响应速度快，而且数据传输速率也很高。

NAS 也存在一些缺点。NAS 系统常用于处理非结构化的数据(比如文档和图像),不适合用于满足事务型数据的存储需求。由于 NAS 采用的是较高端应用层面的 NFS(网络文件系统)协议和 CIFS(通用网络文件共享)协议,无形中延长了系统响应时间,所以数据传输速度较 SAN 慢一些。

3)SAN 存储方式

SAN(Storage Area Network,存储区域网络)是一种通过光纤集线器、光纤路由器、光纤交换机等连接设备将磁盘阵列、磁带等存储设备与相关服务器连接起来的高速专用子网。

SAN 由三个基本的组件构成:接口(如 SCSI、光纤信道、ESCON 等)、连接设备(交换设备、网关、路由器、集线器等)和通信控制协议(如 IP 和 SCSI 等)。这三个组件再加上附加的存储设备和独立的 SAN 服务器,就构成一个 SAN 系统。SAN 提供一个专用的、高可靠性的基于光纤信道的存储网络,SAN 允许独立地增加它们的存储容量,也使得管理及集中控制(特别是对于全部存储设备都集群在一起的时候)更加简化。而且,光纤接口提供了 10km 的连接长度,这使得物理上分离的远距离存储变得更容易。

目前,SAN 主要使用于以太网和光纤信道两类环境中。

(1)FCSAN。

SAN 其核心技术就是 Fibre Channel(FC,光纤信道)协议,这是 ANSI 为网络和信道 I/O 接口建立的一个标准集成,支持 HIPPI、IPI、SCSI、IP、ATM 等多种高级协议。FC 是为了解决传统 SCSI 的传输距离限制而发展起来的一种技术。光纤信道协议的最大特性是将网络和设备的通信协议与传输物理介质隔离开,这样多种协议可在同一个物理连接上传送。与传统技术相比,SAN 技术的最大特点是将存储设备从传统的以太网中隔离出来,成为独立的存储局域网络。SAN 使得存储与服务器分开成为现实。SAN 技术的另一大特点是完全采用光纤连接,从而保证了巨大的数据传输带宽,目前其数据传输速度已达 4Gb/s,传输距离可达 100km。一条单一的 FC 环路最大可以承载 126 个设备。SAN 具有以下优点:专为传输而设计的光纤信道协议,使它的传输速率和传输效率都非常高,特别适合于大数据量、高带宽的传输要求;由于 SAN 采用了网络结构,使其具有无限的扩展能力。SAN 的缺点是成本高,管理难度大。

(2)IP SAN。

IP SAN 存储技术,顾名思义,就是在传统 IP 以太网上架构一个 SAN 存储网络,从而把服务器与存储设备连接起来的存储技术,它是彻底的 SAN 架构,即为服务器提供块级服务。

IP SAN 技术有其独特的优点:节约大量成本、加快实施速度、优化可靠性以及增强扩展能力等。采用 iSCSI 技术组成的 IP SAN 可以提供和传统 FC SAN 相媲美的存储解决方案,而且普通服务器或 PC 机只需要具备网卡,即可共享和使用大容量的存储空间。与传统的分散式直连存储方式不同,它采用集中的存储方式,极大地提高了存储空间的利用率,方便了用户的维护管理。

iSCSI 是基于 IP 协议的,它能容纳所有 IP 协议网络中的部件。通过 iSCSI,用户可以穿越标准的以太网线缆,在任何需要的地方创建实际的 SAN 网络,而不需要专门的光纤信道网络在服务器和存储设备之间传送数据。iSCSI 可以实现异地间的数据交换,使远程镜像和备份成为可能。因为没有光纤信道对传输距离的限制,IP SAN 使用标准的 TCP/IP 协议,数据即可在以太网上进行传输。

(3)IP SAN 和 FC SAN 的比较。

SAN 主要包含 FC SAN 和 IP SAN 两种,FC SAN 的网络介质为光纤信道(Fibre Channel),而 IP SAN 使用标准的以太网。采用 IP SAN 可以将 SAN 为服务器提供的共享特性以及 IP 网络的易用性很好结合在一起,并且为用户提供了类似服务器本地存储的较高性能体验。SAN 是一种进行块级服务的存储架构,一直以来,光纤信道 SAN 发展相对迅速,因此,许多用户认为只能通过光纤信道来实现 SAN。然而,通过传统的以太网仍然可以构建 SAN,也就是 IP SAN。

2.2.3 数据挖掘步骤

许多人把数据挖掘视为常用术语“数据库中知识发现”或 KDD 的同义词。而另一些人只是把数据挖掘视为数据库中知识发现过程的一个基本步骤。数据挖掘过程如图 2-3 所示，由以下步骤组成：

(1)数据清理(消除噪声或不一致数据)；

(2)数据集成(多种数据源可以组合在一起)；

(3)数据选择(从数据库中提取与分析任务相关的数据)；

(4)数据变换(数据变换或统一成适合挖掘的形式，如，通过汇总或聚集操作)；

(5)数据挖掘(基本步骤，使用智能方法提取数据模式)；

(6)模式评估(根据某种兴趣度度量，识别提供知识的真正有趣的模式)；

(7)知识表示(使用可视化和知识表示技术，向用户提供挖掘的知识)。

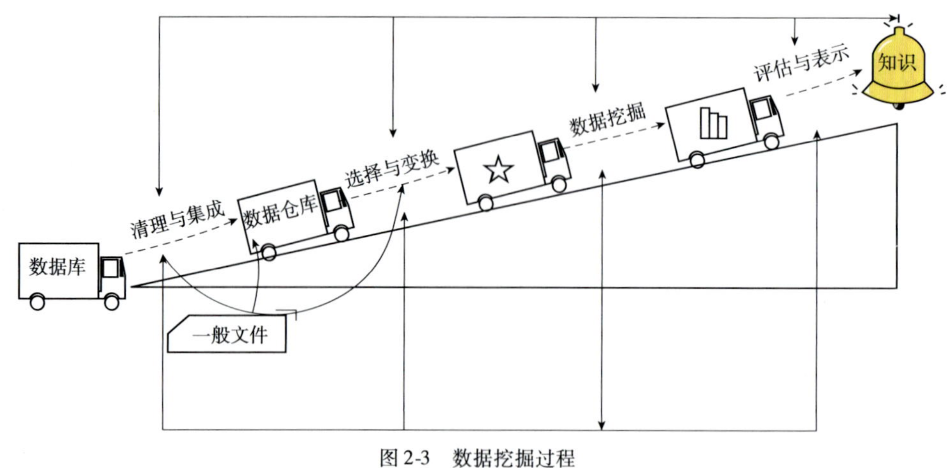

图 2-3 数据挖掘过程

3 数据中心资源保障

3.1 机房建设

3.1.1 机房建设特征

机房作为数据中心安全、稳定运行的平台，应具有以下特征。

1)高安全性

机房的建设应当选择适当的地点，以规避灾难的发生；采用较高的规范，以避免二次灾难；要建立较高规格的结构建筑，建立足够的电源盒空调设备，并且需要配备不间断供电系统。

2)高可用性

机房的建设应该充分考虑数据中心运行的稳定性与持久性，并通过构建完善的运维保障和快速修复体系来提高系统平均无故障时间(MTBF)，降低系统平均修复时间(MTTR)，提升系统维护管理水平。

3)节能性

数据中心内服务器和空调系统是能源消耗的两个主要设备，合理的机房建设能够在机房的密封性、绝热性、气流组织等方面最大限度地提升能源的使用效率，从而提升数据中心机房的节能效果。

4)灵活性及先进性

机房的建设采用移动式办公设计，采用高架地板式装修以及更易更换和扩充的设备，使其更加灵活；除此之外，还要创造舒适的空间，建立方便的人机界面；最后是采用较为先进的技术，兼顾当前需求和业务，同时也要考虑长远的发展。

5)可靠性

为保障数据中心的正常运行，数据中心机房在供电、制冷、加湿等基础环境支持方面应具有较好的连续性，特别是关键的网络、存储和服务设备，应能够保证7×24小时不间断运行。

3.1.2 机房建设内容

数据中心机房建设内容包括：机房装修、机房配电、机房防雷接地、机房专用精密空调、机房环境监控、机房视频监控、综合布线、多电脑切换器(Keyboard Video Mouse，KVM)系统、机房消防系统等。机房是智能化系统的重要组成部分，合理的机房设计可以减少计算机及各种设备之间互相干扰，减弱外部电磁场对智能化系统设备的影响，为系统提供可靠的环境及所需的各种条件，保证智能化系统及以计算机为基础的各种业务系统的正常运行。

现代化机房一般包括设备区、电源区和工作区。其中，设备区是各种业务数据交换处理运行区域，是计算机网络系统的核心部分，其环境要求较高。在设备区与工作区、电源区的出入口设置门禁系统进行控制，设备区内设置摄像机和红外探测器进行安全防范。电源区是确保主机系统正常运行的供电设备及空调器安放区域，并满足以下方面的要求：主机房有关温度、湿度和洁净度；机房区域的电气线路正常运行；机房区域供配电质量。工作区是硬件、网络管理人员及操作人员对计算机硬件及语音通信系统进行管理、操作、维修、存放资料的区域。

机房建设主要包括以下内容：

3.1.2.1 机房装修系统

机房的室内装修工程主要包括吊顶、隔断墙、门、窗、墙壁装修、地面、活动地板的装修及其他室内作业。隐蔽工程(如地板下、吊顶上、假墙、夹层内)在封口前必须先除尘，进行清洁处理，暗处表层应能保持长期不起尘、不起皮、不龟裂。机房所有管线穿墙处的裁口必须做防尘处理，对缝隙必须用密封材料填堵。在裱糊、粘接贴面等施工过程中，其环境条件应符合材料说明书的规定。装修应尽量选择无毒、无刺激性难燃、阻燃、隔声效果好的材料，否则应尽可能涂防火涂料。

3.1.2.2 机房配电系统

机房供配电系统包括计算机及相关 IT 设备配电和辅助设备(包括照明、空调等)配电两部分。计算机和网络主干设备对交流电源的质量要求十分严格，交流电的电压和频率、电源波形的正弦性、三相电源的对称性都要求保持在允许偏差范围内，从而保证供电的连续性、可靠性、稳定性和抗干扰性等。

3.1.2.3 机房防雷接地系统

为了防止遭受雷害，确保机房内设备的安全和正常工作，提高网络运行的安全系数，实施机房的整体防雷与接地工作十分重要的。首先良好的接地线可以过滤计算机信号的干扰。其次，当遇到雷电、机柜附近的强功率源或电弧干扰时，良好的机房防雷接地系统也能对计算机设备起到一定的保护作用。

3.1.2.4 机房专用精密空调系统

机房专用精密机房空调是保证设备正常运行和工作人员正常工作的重要条件。环境、温度、湿度、洁净度，以及工作人员和设备的散热量等都会对计算机及附属设备工作的稳定性、可靠性造成危害，需严格按照国家标准进行施工。

3.1.2.5 机房环境监控系统

机房中的设备在运行中散发热量巨大且集中，计算机设备、网络设备以及空调系统均是 24 小时不间断运行，因此需要一套环境监控系统，可以实时显示和检测机房的环境数据，并具有报警功能。机房环境监控系统包括：配电系统监测、空调监测、UPS 监测、漏水监测、温湿度监测、机房门禁系统等。

3.1.2.6 机房视频监控系统

数据中心机房作为信息枢纽，机房设备越来越多，为满足工作需要，提高机房环境管理的安全性，应采用先进的智能化、数码化技术建立管理平台，对机房保安报警系统、门禁系统、闭路电视监控系统、机房设备等进行统一管理。

3.1.2.7 机房综合布线系统

综合布线系统在设计上采用树状星形结构，以支持各种网络未来的发展需求。同时，通过跳线和不同网络设备的跳接，实现各种不同逻辑、拓扑结构的网络连接，满足最新的布线系统标准。

3.1.2.8 机房 KVM 系统

KVM 系统是一项先进的硬件解决方案，可协助用户通过由键盘、显示器及鼠标所组成的控制端，轻松访问并集中管理机房内的服务器群。KVM 系统对数据中心机房的空间及信息环境进行统一管理，降低能源消耗、节省机架与机房空间，避免多余的键盘、显示器与鼠标所造成的杂乱。

3.1.2.9 机房消防系统

消防系统是数据中心机房所有系统中较为特殊的系统，消防系统必须严格按照相关消防规范和数据中心机房的要求设计和建设。

3.1.3 机房维护管理

机房环境设施的核心是各类动力设备，动力设备的稳定运行一方面取决于其固有质量(即先天条件)，另一方面也依赖于系统建立后的人为管理因素(即后天条件)。动力设备尤其 UPS 系统是一类综合技术性很强的设备，其性能是否能充分发挥，设备的可靠性和使用寿命能否有效保障，都与对它的使用和维护水平密切相关。机房的维护管理可以从以下几个方面进行：

1) 完善维护机制

建立日常操作流程，传统的数据中心机房通常是依靠分散型的人工维护方式。而现在的大型数据中心机房集中安放了多种技术密集型、高集成度的主机、服务器、存储及网络通信设备，在技术管理上迫切需要提高维护水平。因此，系统维护方式已从传统的分散型人工监测方式，向集中监控、集中维护和集中管理方向发展，包括：制定相应的环境设施维护维修制度、巡检制度、安全操作制度和应急制度，签署厂家技术支持协议；制定主要设备日常操作流程、应急处理流程等一系列规章和手册，在遇到故障时确保不会造成盲目操作、人为二次故障等情况，及时、迅速、准确排除故障。

2) 做好设备维护维修文档记录

机房环境设施管理的重要内容是预防性故障分析维护操作，各级数据中心机房设计维护要求通常是为主机，服务器、网络等关键系统设备提供 7×24 小时不间断供电。供电质量的好坏，供电系统中各部件的日常维护是关键。在实际工作中，应按照设备规格和特点创建一系列工作表，用于记录设备运行情况，并形成完整电子文档。通过这些数据对设备的运行情况进行例行化统计分析，有的放矢地进行维护，将故障隐患消除在萌芽状态，改变以往被动的维护方式。

3) 环境设施的监控管理

在数据中心机房改造期间，供电系统出现几秒钟的中断都可能造成部分或整个系统网络长时间的运行中断，尤其在数据大集中模式下，数据中心机房的机房设施数量大且可能布局分散，在人力有限的情况下，采取一些远程监控的手段实时掌握设备的运行状况已成为一种必然的维护方式。不同机房应结合实际情况对高低压设备、发电机、环境设备、UPS 电源设备等进行集中实时监控。一方面，维护人员可通过监控系统对 UPS、空调等设备的主要参数进行监测，及时了解设备工作信息，记录数据；另一方面，在系统出现问题时可及时发送报警信号，维护人员可以第一时间赶到现场进行处理。

3.2 安全管控

数据中心是企业数据及企业 IT 应用对互联网服务提供模式的依赖的集中体现，是以机房和网络资源为依托，以专业化技术支撑队伍为基础，为各类用户提供各种资源出租以及相关增值服务，并定期向用户收取相应服务费用的一种电信级服务。数据中心提供的主要业务包括主机托管、资源出租、系统维护、管理服务，以及其他支撑、运行服务等，需要具有完善的设备、专业化的管理和完善的应用级服务能力。近十年来，随着互联网的高速发展和企业用户对数据中心依赖的增长，数据中心的需求向着更大容量、更高能力、超大规模、多种业务模式和运营模式同时存在的方向升级。就近年来多次大型数据中心服务中断事故的社会影响来看，构建具有更高可靠性和服务能力的数据中心，成为其发展的一个重要诉求。网络作为连接数据中心 IT 组件、实现外部访问的唯一实体，构建坚实的网络基础设施、构建网络与安全相融合的数据中心平台将为数据中心业务提供非常重要的保障。

数据中心对重要系统数据进行集中管理，虽然在安全性事故及灾难的发生频率上，与以往的分散式系统相比可能会有所降低，但由于数据集中到一个或多个中心后，数据中心的数据一旦发生混乱或丢失，带来的将是大范围的业务混乱。所以说，数据集中后出现的数据安全问题，其影响面和破坏程度反而大大增加了。

3.2.1 物理安全

3.2.1.1 物理安全基础

随着云计算技术的兴起，数据中心也被越来越被关注，而数据中心的安全也变得更加重要。数据中心的安全层面，可以宏观地分为虚拟化安全部分和物理安全部分，目前大多数用户都更加关注前者，但事实上，物理安全漏洞远比虚拟化安全更为重要。

物理安全是指为了保证计算机系统安全、可靠地运行，确保系统在对信息进行采集、传输、存储、处理、显示、分发和利用的过程中不会受到人为或不受电、火灾和雷击等自然因素的危害而使信息丢失、泄漏和破坏，对计算机系统设备、通信与网络设备、存储媒体设备和人员所采取的安全技术措施。物理安全需考虑布线系统与照明电线、动力电线、通信线路、暖气管道及冷热空气管道之间的距离；还需考虑布线系统和绝缘线、裸体线以及接地与焊接的安全；同时必须建设防雷系统，防雷系统不仅考虑建筑物防雷，还必须考虑计算机及其他弱电耐压设备的防雷。环境安全包括受灾防护、区域防护；设备安全包括设备防盗、设备防毁、防止电磁信息泄露、防止线路截获、抗电磁干扰、电源保护等；媒体安全是指媒体数据和媒体本身。

3.2.1.2 物理安全技术控制措施

1)物理安全需求规划

物理安全需求规划是在信息系统开发建设的早起阶段对物理安全控制措施的需求，包括选择物理位置和设计物理防范措施。选择安全的物理位置，首先需要考虑其隐蔽性因素，尽量防止不相关的人轻易地发现该物理位置是重要的信息系统的所在地；考虑区域的特点，犯罪率、机场、高压电等。另外，还要考虑该区域的气候如何，是否有洪水、雷暴、地震等发生。在交通上需要考虑其便利性，与机场、高速公路的距离，地点如果靠近消防局、公安局、人防设施则较为合适。

2)物理安全管理

物理安全管理主要涉及记录物理访问的时间，物理访问是否成功，访问的权限是哪个部分授予的，机房的门禁、保安、前台、试图访问者以及谁以管理员的权限修改了访问权限的分配。同时，物理安全管理要做好以下部分的流程，第一是系统紧急关闭的流程，第二是人员撤离的流程，第三是物理安全的培训、意识教育和演练流程，最后是周期性的设备和基础设施的测试流程。

3)人员安全管理

人员安全管理分为三个阶段，第一阶段是指受聘前，要对受聘人员的教育和工作背景进行考察，对其中的关键人员的历史背景如信用记录、犯罪记录进行深入考察；第二阶段是在聘中，要对受聘人员的访问进行控制及要有定期的考核和评价；最后一个阶段是离职的，要进行离职谈话、收回物理访问权限和各种资产。

3.2.2 网络安全

3.2.2.1 网络安全概述

网络安全是指网络系统的硬件、软件及其系统中的数据受到保护，不受偶然的或者恶意的原因而遭到破坏、更改、泄露，系统连续可靠正常地运行，网络服务不中断。网络安全从其本质上来讲就是网络上的信息安全。

管理是网络安全最重要的部分。责权不明，安全管理制度不健全及缺乏可操作性等都可能引起管理安全的风险。当网络出现攻击行为或网络受到其他一些安全威胁时(如内部人员的违规操作等)，无法进行实时的检测、监控、报告与预警。同时，当事故发生后，也无法提供黑客攻击行为的追踪线索及破案依据，即缺乏对网络的可控性与可审查性。这就要求必须对站点的访问活动进行多层次的记录，及时发现非法入侵行为。

建立全新网络安全机制，必须深刻理解网络并能提供直接的解决方案，因此，最可行的做法是制定健全的管理制度和严格管理相结合。保障网络的安全运行，使其成为一个具有良好的安全性、可扩充性和易管理性的信息网络便成为首要任务。一旦上述的安全隐患成为事实，所造成的对整个网络的损失都是难以估计的。具体而言，就是需要建立日志服务器，记录网络设备和系统服务器的所有活动日志。加强设备管理，专人专管，分层管理。

网络安全是一门涉及计算机科学、网络技术、通信技术、密码技术、信息安全技术、应用数学、数论、信息论等多种学科的综合性学科。网络安全的具体含义会随着"角度"的变化而变化。比如：从用户(个人、企业等)的角度来说，他们希望涉及个人隐私或商业利益的信息在网络上传输时受到机密性、完整性和真实性的保护，避免其他人或对手利用窃听、冒充、篡改、抵赖等手段侵犯用户的利益和隐私。因此，网络安全不能局限于安全范畴，应该一切以用户为中心，切实排解客户的疑虑。因为只有客户认同的信息安全，才算是真的安全的。

3.2.2.2　**数据中心网络面临的安全挑战**

近十年来，随着企业的高速发展和经营对数据依赖性的增长，数据中心向着更大容量、更高能力、超大规模、多种业务模式和运营模式共存的方向发展。数据中心网络安全面临严峻的挑战。

1)DDoS 攻击

当前，分布式拒绝服务(Distributed Denial of Service，DDoS)攻击已经成为数据中心面临的最大威胁。攻击流量越来越大，由 2005 年的 5G 上升到 2011 年的 100G；攻击手段越来越复杂，在 2011 年应用型攻击已经占到所有攻击中的 71%；攻击越来越智能，能够模拟各种正常的上网行为。传统的网络安全设备难以防范，导致企业重要的业务中断，造成严重损失。

2)黑客入侵

随着互联网的发展，黑客入侵行为越来越多。数据中心存储了企业的关键信息资产，成为黑客攻击的重点。由于服务器上安装的软件系统规模越来越大、复杂度越来越高，大量的漏洞不断涌现。入侵攻击带来的安全威胁飞速增长，尤其是混合威胁所带来的风险。黑客攻击、蠕虫病毒、木马后门、间谍软件等威胁泛滥，企业的机密数据被盗窃，重要数据被篡改、破坏，遭受了严重的经济损失。

3)安全隔离

数据中心业务复杂，各区域的安全需求和保护等级各不相同。数据中心需要对自身的网络资源进行有效的安全区域、等级划分。安全区域是指在网络中拥有相同网络资源访问权限的主机集合，安全区域的划分与安全隔离才能保障网络安全运行，更好地保证数据集中心正常运作。

4)专属安全防护需求

大型数据中心有众多的租户，每个租户各有不同的安全需求。数据集中后，不同的租户将共同使用同一个数据中心，它们都希望获得专属的安全防护服务。专属的服务是指自主的安全策略部署、独立的日志报表查看、独立的资源享用。如果为每个租户单独部署一台安全设备，成本就会大大提高。

5)网络性能瓶颈

数据集中给数据中心带来了更大的性能压力。一方面，所有的企业用户访问集中的数据中心，边界的网络流量激增；另一方面，计算、存储、网络资源的统一融合使数据中心内部的流量大大增加。无论是边界网络还是内部网络都面临性能瓶颈问题。

3.2.2.3　**网络安全策略**

1)访问控制及内外网的隔离

访问控制可以通过如下几个方面来实现：

(1)制定严格的管理制度，如"用户授权实施细则"、"口令字及账户管理规范"、"权限管理制度"。

(2)配备相应的安全设备：在内部网与外部网之间，设置防火墙实现内外网的隔离与访问控制是保护内部网安全的最主要、同时也是最有效、最经济的措施之一。防火墙设置在不同网络或网络安全域之间信息的唯一出入口。

防火墙主要的种类是包过滤型，包过滤防火墙一般利用 ip 和 tcp 包的头信息对进出被保护网络的

ip 包信息进行过滤，能根据企业的安全政策来控制(允许、拒绝、监测)出入网络的信息流。同时可实现网络地址转换(nat)、审计与实时告警等功能。由于这种防火墙安装在被保护网络与路由器之间的通道上，因此也对被保护网络和外部网络起到隔离作用。防火墙具有以下五大基本功能：过滤进、出网络的数据；管理进、出网络的访问行为；封堵某些禁止的业务；记录通过防火墙的信息内容和活动；对网络攻击的检测和告警。

2)内部网不同网络安全域的隔离及访问控制

主要可以利用 VLAN 技术来实现对内部子网的物理隔离。通过在交换机上划分 VLAN 可以将整个网络划分为几个不同的广播域，实现内部一个网段与另一个网段的物理隔离。这样，就能防止影响一个网段的问题穿过整个网络传播。针对某些网络，在某些情况下，它的一些局域网的某个网段比另一个网段更受信任，或者某个网段比另一个更敏感。通过将信任网段与不信任网段划分在不同的 VLAN 段内，就可以限制局部网络安全问题对全局网络造成的影响。

3)网络安全检测

网络系统的安全性取决于网络系统中最薄弱的环节。如何及时发现网络系统中最薄弱的环节，如何最大限度地保证网络系统的安全，最有效的方法是定期对网络系统进行安全性分析，及时发现并修正存在的弱点和漏洞。

网络安全检测工具通常是一个网络安全性评估分析软件，其功能是用实践性的方法扫描分析网络系统，检查报告系统存在的弱点和漏洞，建议补救措施和安全策略，达到增强网络安全性的目的。对网络访问做出有效响应，保护重要应用系统(如财务系统)数据安全不受黑客攻击和内部人员误操作的侵害。

4)审计与监控

审计是记录用户使用计算机网络系统进行所有活动的过程，它是提高安全性的重要工具。它不仅能够识别谁访问了系统，还能看出系统正被怎样地使用。对于确定是否有网络攻击的情况，审计信息对于确定问题和攻击源很重要。同时，系统事件的记录能够更迅速和系统地识别问题，而且是后面阶段事故处理的重要依据。另外，通过对安全事件的不断收集与积累并且加以分析，有选择性地对其中的某些站点或用户进行审计跟踪，以便对发现或可能产生的破坏性行为提供有力的证据。

因此，除使用一般的网管软件和系统监控管理系统外，还应使用目前较为成熟的网络监控设备或实时入侵检测设备，以便对进出各级局域网的常见操作进行实时检查、监控、报警和阻断，从而防止针对网络的攻击与犯罪行为。

5)网络防病毒

由于在网络环境下，计算机病毒具有不可估量的威胁和破坏力，计算机病毒的防范是网络安全性建设中重要的一环。网络反病毒技术的具体实现方法包括对网络服务器中的文件进行频繁地扫描和监测；在工作站上用防病毒芯片和对网络目录及文件设置访问权限等。

所选的防毒软件应该构造全网统一的防病毒体系。主要面向 mail、web 服务器，以及办公网段的 pc 服务器和 pc 机等。支持对网络、服务器、和工作站的实时病毒监控；能够在中心控制台向多个目标分发新版杀毒软件，并监视多个目标的病毒防治情况；支持多种平台的病毒防范；能够识别广泛的已知和未知病毒，包括宏病毒；支持对 Internet/Intranet 服务器的病毒防治，能够阻止恶意的 Java 或 Activex小程序的破坏；支持对电子邮件附件的病毒防治，包括 Word、Excel 中的宏病毒；支持对压缩文件的病毒检测；支持广泛的病毒处理选项，如对染毒文件进行实时杀毒、移出、重新命名等；支持病毒隔离，当客户机试图上载一个染毒文件时，服务器可自动关闭对该工作站的连接；提供对病毒特征信息和检测引擎的定期在线更新服务；支持日志记录功能；支持多种方式的告警功能(声音、图像、电子邮件等)等。

6) 网络备份系统

备份系统为一个目的而存在：尽可能快地全盘恢复运行计算机系统所需的数据和系统信息。根据系统安全需求可选择的备份机制有：场点内高速度、大容量自动的数据存储、备份与恢复；场点外的数据存储、备份与恢复；对系统设备的备份。备份不仅在网络系统硬件故障或人为失误时起到保护作用，也在入侵者非授权访问或对网络攻击及破坏数据完整性时起到保护作用，同时也是系统灾难恢复的前提之一。

在确定备份方案之后，就要选择安全的存储媒介和技术进行数据备份，有“冷备份”和“热备份”两种。热备份是指“在线”的备份，即下载备份的数据还在整个计算机系统和网络中，只不过传到令一个非工作的分区或是另一个非实时处理的业务系统中存放。“冷备份”是指“不在线”的备份，下载的备份存放到安全的存储媒介中，而这种存储媒介与正在运行的整个计算机系统和网络没有直接联系，在系统恢复时重新安装，有一部分原始的数据长期保存并作为查询使用。热备份的优点是投资大，但调用快、使用方便，在系统恢复中需要反复调试时更显优势。热备份的具体做法是：可以在主机系统开辟一块非工作运行空间，专门存放备份数据，即分区备份；另一种方法是，将数据备份到另一个子系统中，通过主机系统与子系统之间的传输，同样具有速度快和调用方便的特点，但投资比较昂贵。冷备份弥补了热备份的一些不足，二者优势互补，相辅相成，因为冷备份在回避风险中还具有便于保管的特殊优点。

3.2.3 系统安全

系统的安全主要是指操作系统、应用系统的安全性以及网络硬件平台的可靠性。操作系统安全也称主机安全，由于现代操作系统的代码庞大，从而不同程度上都存在一些安全漏洞。一些广泛应用的操作系统，如 Unix、Window NT，其安全漏洞更是广为流传。另一方面，系统管理员或使用人员对复杂的操作系统和其自身的安全机制了解不够，配置不当也会造成的安全隐患。

3.2.3.1 系统安全风险分析

所谓系统的安全显而易见是指整个局域网网络操作系统、网络硬件平台是否可靠且值得信任。对于网络操作系统、网络硬件平台的可靠性，在国内恐怕也没有绝对安全的操作系统可以选择，无论是 Windows 操作系统还是 Unix 操作系统，其开发厂商必然有其“后门”(Back-door)。实际上，并没有完全安全的操作系统。但是，通过对现有的操作平台进行安全配置、对操作和访问权限进行严格控制，是可以大幅提高系统的安全性的。因此，首先要做的是：要选用尽可能可靠的操作系统和硬件平台。而且，必须加强登录过程的认证(特别是在登录请求发送至服务器主机之前的认证)，确保用户的合法性；其次应该严格限制登录者的操作权限，将其完成的操作限制在最小的范围内。

3.2.3.2 系统安全策略

系统的安全策略是：对操作系统进行安全配置，提高系统的安全性；系统内部调用不对互联网公开；关键性信息不直接公开，尽可能采用安全性高的操作系统。应用系统在开发时，采用规范化的开发过程，尽可能地减少应用系统的漏洞；网络上的服务器和网络设备尽可能不采取同一家的产品；通过专业的安全工具(安全检测系统)定期对网络进行安全评估。

1) 系统扫描技术

对于操作系统来说，需要功能全面、智能化的检测技术来帮助网络管理员高效地完成定期检测并修复操作系统中的安全漏洞。系统管理员要不断跟踪有关操作系统漏洞的发布，及时下载补丁进行防范，同时要经常对关键数据和文件进行备份和妥善保存，随时留意系统文件的变化。

2) 系统实时入侵探测技术

为了加强主机的安全，还应采用基于操作系统的入侵探测技术。系统入侵探测技术可以监控主机的系统事件，从中检测出攻击的可疑特征，并给予响应和处理。

3.2.4 数据安全

在计算机网络环境中，所有应用程序的实现均需通过数据传输来完成。因此，数据的安全是保证整个计算机网络稳定、高效运行的核心。

3.2.4.1 数据安全风险分析

1）病毒攻击

网络为网络病毒提供了快速繁殖的媒介，网络一旦感染恶意病毒就会产生巨大危害。这些危害主要包括：计算机的重要信息数据被破坏、文件分配表和目录区被改写、重要文件被删除等。

2）木马植入

如果说病毒或许只是病毒的开发者为了满足自己的某种心理，那木马的危害比病毒更大，木马背后一般都体现着巨大的经济利益，它是黑客入侵的主要手段。电脑一旦被植入木马，对方可以通过这台电脑上传或下载文件，偷窥企业重要数据文件，偷取办公密码及口令信息，本属于这台电脑的数据将完全暴露在外人面前，安全也就不复存在。

3）网络操作系统安全隐患

操作系统的安装通常都是以正常工作为目标，一般很少考虑其安全性，因此安装通常都是以缺省选项进行设置。从安全角度考虑，其表现为装了很多用不着的服务模块，开放了很多不必开放的端口，其中可能会隐藏着安全风险。

4）网络设备安全隐患

企业网络设备中包含路由器、交换机、防火墙等，形成了统一有机的整体，它们的设置一般都比较复杂，任何一个部分的安全漏洞或者问题，都可能引发整个网络的瘫痪，从而导致网络数据的丢失。

5）员工的数据保护意识薄弱

外部网络环境的威胁一般都能引起人们的高度重视，然而事实上，内部员工使用网络文件共享或者使用笔记本电脑造成数据泄露，是到目前为止企业数据安全的最大威胁，由此造成的数据安全事故高达78%。

6）数据存取权限管理不严格

内部管理人员或员工为图方便省事，不设置用户口令，或者设置的口令过短和过于简单，导致很容易破解，往往会造成数据泄露。

3.2.4.2 数据安全策略

网络数据安全永远是一个相对的概念，企业不可能建立一个无懈可击的网络系统。技术在进步，网络在发展，企业只要有网络数据风险意识，综合采取多种措施就能有针对性地强化数据安全保护工作。

1）建立一个完备的企业内部网络

建设一个完备的企业内部网络需要进行合理规划。企业内部网络规划是以企业的信息化战略为指导，以数据资源为基础，以信息数据的安全为原则，让应用系统和数据在不受负面因素带来威胁的基础上实现有效配合，并对内外网之间、重要的网段之间进行必要的隔离措施。结合规划实施的企业内部网络能够保证企业数据安全。

2）选择专业的防火墙

所谓防火墙是一种将内部网和公众网分开的隔离技术，它可以让安全、核准了的信息进入，同时又抵制对企业构成威胁的数据。目前，防火墙的类型主要包括包过滤防火墙、代理防火墙和双穴主机防火墙三种。防火墙也存在不足，它一般不能消除网络上的病毒。

3）安装功能齐全的杀毒软件

实践证明，为确保网络数据的安全，免受病毒的侵害，必须加重保护，即安装功能齐全的杀毒软件来构建网络安全防御系统，如诺顿和趋势等，并做到病毒库的实时更新。

4）更好地做好系统补丁

及时地安装系统补丁程序也是维护网络数据安全的重要方法。杀毒软件生产厂家一般都设有专门的站点来发布最新的漏洞补丁，用户需要做的只是下载补丁，安装并重新启动。

5）严格数据管理

加强企业网络数据安全管理，首先就要强化企业员工数据安全意识、防止数据泄露、泄密，外来人员不得擅自查阅和拷贝，也不得为外来人员的自带电脑连接局域网提供任何便利，为保密需要，应定期或不定期地更换服务器登录密码。外来人员进入中心机房参观，须经领导批准。

6）落实安全责任

加强网络中心机房和各部门机房的管理。定期检查机房的供电系统、防盗设备等，定期备份系统数据，防止系统数据的非法生成、变更、泄露、丢失及破坏，对重要数据要及时做好备份，除在计算机贮存外，还应拷贝到其他存储介质。

3.2.5 虚拟化安全

虚拟化安全提供两方面的安全能力：一个是虚拟化软件的安全；另一个是使用虚拟化技术的虚拟服务器的安全。

虚拟化软件安全主要针对直接部署于裸机之上，提供能够创建、运行和销毁虚拟服务器的安全能力。虚拟化软件层是保证客户的虚拟机在多租户环境下相互隔离的重要层次，可以使客户在一台计算机上安全地同时运行多个操作系统，必须严格限制任何未经授权的用户访问虚拟化软件层。虚拟化层的完整性和可用性对于保证基于虚拟化技术构建的公有云的完整性和可用性是最重要，也是最关键的。

虚拟服务器安全主要是针对安装基于主机的防火墙、杀毒软件、IPS（IDS）以及日志记录和恢复软件，以便将它们相互隔离，并与其他安全防范措施一起构成多层次防范体系。对于每台虚拟服务器应通过 VLAN 和不同的 IP 网段的方式进行逻辑隔离。对需要相互通信的虚拟服务器之间的网络连接应当通过 VPN 的方式来进行，以保护它们之间网络传输的安全。在防火墙中，尽量对每台虚拟服务器做相应的安全设置，进一步对它们进行保护和隔离。将服务器的安全策略加入到系统的安全策略当中，并按物理服务器安全策略的方式来对等。对虚拟服务器的运行状态进行严密的监控，实时监控各虚拟机当中的系统日志和防火墙日志，以此来发现存在的安全隐患。

XIAPIAN
SHIJIAN PIAN

下 篇

实践篇

4 江苏省智慧高速公路建设数据中心概况

近年来，江苏省通过智慧高速公路的规划和建设，形成了一定规模的信息化建设基础设施，并在联网监控、信息采集、数据传输、调度指挥、信息服务等方面得到了规模化发展。江苏省第二轮高速公路网规划研究报告指出，到2020年将形成"五纵九横七联"的江苏省高速公路网，路线总规模将达到5200km。随着联网营运高速公路里程的不断增加，联网营运管理的覆盖范围不断扩大，高速公路营运管理在数字化的基础上向网络化、一体化和智慧化方向发展的需求日益增强。结合江苏高速对运营与服务智能化的需求，江苏交通控股有限公司（下简称"省控股"）[1]组织开展了江苏省高速公路运营与服务智能化平台的相关建设工作。目前，江苏省高速公路运营与服务智能化建设工程已经建成了一定规模的信息化基础设施，开发完成了数据采集系统、数据中心、指挥调度、公众服务、运行维护等信息化系统，相关建设成果将极大提高江苏高速联网运营和服务的效率。江苏省智慧高速公路系统涉及大量的信息数据的处理、分析及运用，为了整合全省交通信息资源、满足各平台及子系统的数据需求，同时避免出现信息孤岛现象，最有效合理的解决方案就是构建数据中心来对数据进行系统管理。考虑到《智慧高速公路理论与实践总论》一书中已对江苏省路网层数据中心相关内容进行了介绍，在本书中将重点介绍与路段层（各路桥公司）数据中心相关的内容。

4.1 数据中心定位

江苏省智慧高速公路信息化建设数据中心作为全省各路桥公司信息化系统的核心，主要从以下几个方面进行定位：

（1）是江苏省内各路桥公司内部各类数据汇聚、存储的中心；

（2）是江苏省内各路桥公司智慧高速公路信息化系统各子系统及外部系统（联网中心综合数据中心、控股公司相关系统、相邻城市相关系统等）数据交互、融合与发布的平台；

（3）负责对江苏省内各路桥公司内部系统数据的质量进行评估及保证；

（4）体现江苏高速公路路段层营运管理信息化的先进水平。

4.2 需求分析

江苏省智慧高速公路建设数据中心建设需求分析如下：

4.2.1 数据中心对采集平台的数据需求

数据中心需要采集平台提供检测设施数据、路侧交调数据、气象数据，如表4-1所示。

4.2.2 数据中心对联网中心的数据需求

江苏省智慧高速公路建设数据中心需要联网中心的综合数据中心提供信息，包括路网的卫星定位信息、气象检测器信息、手机信令信息、交通部交调系统信息、GIS基础信息、指挥调度信息、相邻路段交通事故信息、交通运行状态信息（相邻高速公路路段、相邻干线公路、相邻城市道路）、施工养护信息、发布段融合数据信息，如表4-2所示。

---

[1] 江苏交通控股有限公司（下简称"省控股"）是江苏省人民政府批准成立的国有独资企业，负责对江苏省内已建成高速公路和过江桥梁进行运营管理。省控股下辖：江苏省高速公路联网营运管理中心（下简称"联网中心"）、江苏宁沪高速公路股份有限公司、江苏京沪高速公路有限公司、江苏扬子大桥股份有限公司等路桥相关单位。

数据中心对采集平台的数据需求 表 4-1

数据项	数据内容
检测设施数据	不同种类检测设备的编号 数据采集的时间和位置
路侧交调数据	交通流量
	瞬时速度
	平均车速
	行程时间
	行驶方向
	车辆类型
气象数据	实时气象检测数据
	气象预报数据
	气象预警数据

数据中心对联网中心的数据需求 表 4-2

数据项	数据内容
卫星定位信息	采集设施的编号
	数据采集的时间
	数据(经纬度等)
气象检测器信息	气象检测器的编号
	数据采集的时间
手机信令信息	时间戳
	断面车速
	路段行程时间
交通部交调系统信息	设备编号
	数据采集的时间和位置
	道路 OD 数据
	流量
	行驶方向
	车速
	车辆密度
GIS 基础信息	路段基本信息
	收费站、服务区等节点信息
	路测车检和发布设施信息
指挥调度信息	交通管制信息
	应急资源库
	指挥调度信息设备
	突发事件

续上表

数 据 项	数 据 内 容
指挥调度信息	养护信息
	“两客一危”卫星定位车辆数据
	路网层指挥调度指令
	情报板控制指令
	能见度影响
	雷雨大风
	极端天气(暴雨、暴雪、寒潮、台风、沙尘暴、高温)
	气象影响区域
相邻路段交通事故信息	事发起始时间
	事发地点
	事故影响(拥堵等级、平均流量车速等)
交通运行状态信息(相邻高速公路路段)	主线及节点(含收费站)的断面车辆数
	上行平均速度
	下行平均速度
	OD 流量
	交通拥堵状况
交通运行状态信息(相邻干线公路)	主线及节点的断面车辆数
	上行平均速度
	下行平均速度
	OD 流量
	交通拥堵状况
交通运行状态信息(相邻城市道路)	道路及节点的断面车辆数
	上行平均速度
	下行平均速度
	OD 流量
	交通拥堵状况
施工养护信息	施工养护单位
	施工养护开始时间
	施工养护持续时间
	施工养护影响(占用车道等)
	施工养护起讫地点
发布段融合数据信息	交通事件信息
	路段交通状态

4.2.3 数据中心对管理处的数据需求

针对三级管理路桥公司存在管理处的情况，数据中心需要三级管理路桥公司下辖管理处提供信息包括交通事件与事故信息、施工养护信息、情报板信息、路段指挥调度指令、视频信息等，如表 4-3 所示。

数据中心对管理处的数据需求 表 4-3

数据项		数据内容
事件与事故信息	交通事件信息	事件类型
		事件发生时间
		发现事件时间
		事件结束时间
		事件地点
	交通事故信息	事故发生时间
		发现事故时间
		事故结束时间
		事故地点
		事故类型
施工养护信息		施工养护单位
		施工养护开始时间
		施工养护持续时间
		施工养护影响
		施工养护起讫地点
情报板信息		情报板设备代码
		情报板显示内容
		情报板更新时间
		情报板历史预案
路段指挥调度指令		交通管制
		应急资源库
		指挥调度信息设备
		气象数据
		突发事件
		养护信息
视频信息		服务区、路桥通行段、交通枢纽、收费站口的视频图像数据
		视频编解码标准

4.3 系统组成及总体架构

4.3.1 系统组成

江苏省内各路桥公司数据中心设计的目的是汇聚各类采集的交通信息数据，实现江苏省高速公路现有系统的对接，以及对应用平台的支撑。因此数据中心总体分为综合数据库、数据处理平台、基础地理信息平台和安全性管理系统四部分，如图 4-1 所示。

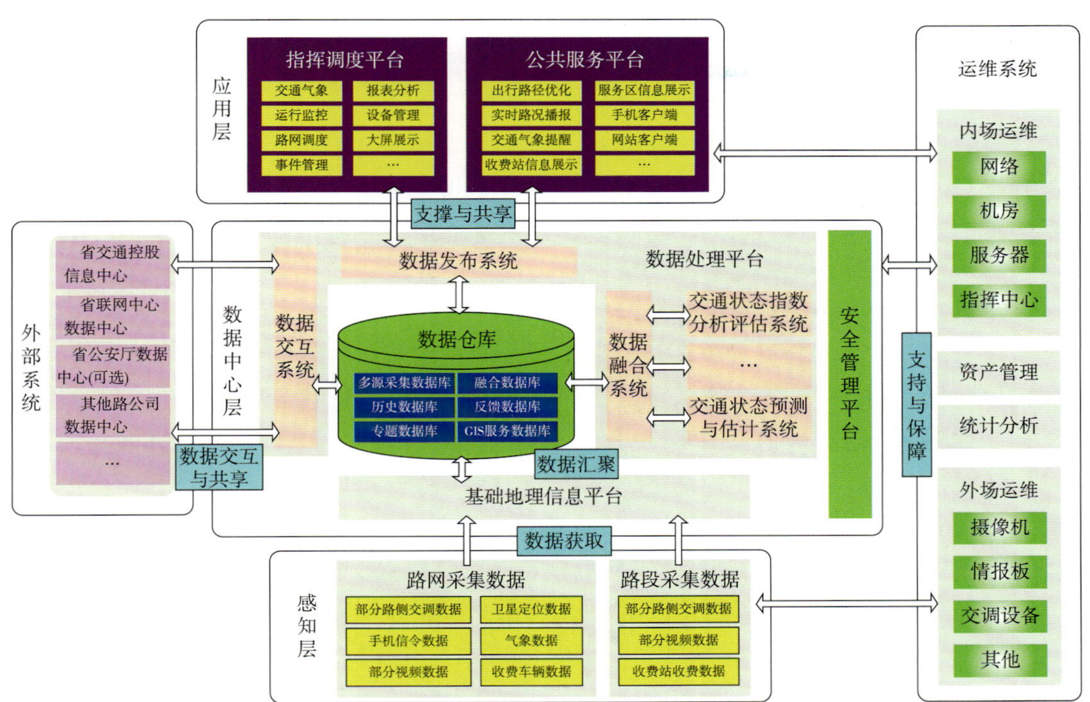

图 4-1 路桥公司数据中心系统组成图

1）综合数据库

综合数据库主要完成数据存储、管理功能，是按照数据结构组织、存储和管理数据的。根据路桥公司数据中心功能结构，综合数据库可分为多源采集数据库、GIS 服务数据库、融合数据库、专题数据库、历史数据库、反馈数据库，从而实现数据采集、融合、管理、应用的分层次数据结构。

2）数据处理平台

数据处理平台提供汇聚融合、交互共享、分析挖掘和接口标准规范等各种数据服务，建立各类交通模型以实现数据的处理，包含了数据交互系统、数据融合系统、交通状态实时预测系统、交通状态指数分析系统和数据共享系统等五大系统：

（1）数据交互系统。

数据交互系统主要实现平台数据的汇聚与交换。路桥公司数据中心与外界的采集系统、应用平台以及外部系统之间发生的数据接入与共享都通过数据交互系统实现。该系统依据完备的数据交互机制支撑平台与外界数据稳定可靠的交互共享。

（2）数据融合系统。

数据融合系统在分析广域多源异构数据特性的基础上，基于不同数据采集方式的交通模型和多源数据融合模型，分别通过地图匹配、样本过滤、参数校正等模块处理分析，从而获得精确度和时空覆盖率更高、使用价值更大的数据融合结果。

（3）交通状态实时预测系统。

利用状态估计模型，将观测值与交通流理论结合并应用到系统中，对当前时间段交通状态进行估计；利用状态预测模型，将迁移时刻的估计值与交通流理论结合并应用到系统中，对短期或中期的将来的交通状态进行预测。

（4）交通状态指数分析系统。

交通状态指数分析系统根据平台的实时和历史数据，借助交通事件分析模型自动识别交通事件并预测该事件可能造成的后续影响，基于交通事件分析结果给出相应的预警信息。相关部门可以根据预警信息启动相应的应急措施。

(5)数据共享系统。

数据共享系统通过用户行为分析、用户鉴权等模块，同时面向外部应用提供数据接口以及应用接口，实现综合数据库汇聚的所有各类专题数据的对外发布。

通过数据处理平台对不同采集设备的数据和与外部系统共享的数据进行标准化处理，解决由于设备状况、路面条件、天气条件等因素造成的汇集数据与实际情况偏差的问题，为下一步的数据应用提供数据支撑。同时数据处理平台也可对历史数据进行挖掘处理，不断完善交通模型，提高交通模型预测的准确性。

数据处理平台将综合数据库中提取相应的数据进行处理，并将处理后的数据发送至综合数据库进行存储。数据处理平台完成与数据采集平台、外部系统、应用平台的信息共享和交互。通过虚拟化技术，整合物理服务器、网络等资源，为搭建数据中心所需的测试系统和备用系统，实现资源的按需分配，进而为将来提供云计算服务而夯实基础。

3)基础地理信息平台

基础地理信息平台是综合分析、处理空间信息和交通信息的信息系统，是 GIS 技术在交通领域的延伸，是 GIS 与多种交通信息分析和处理技术的集成。通过基础地理信息平台可以实现对路桥公司道路交通管理、交通信息查询等功能，在此基础上可以通过对历史数据的分析实现对交通状态的仿真预测。

4)安全性管理系统

路段数据的集中，极大地方便了数据的应用，同时也可能增大安全风险。因此必须高度重视路桥公司数据中心的安全性和可靠性管理，确保数据中心数据的安全。路桥公司数据中心的安全需要从物理安全、网络安全、应用安全、数据安全等方面统一规划，建立安全访问认证、运行环境的安全保障以及完善的备份数据中心来保障安全性。

4.3.2 总体架构

江苏省智慧高速公路建设项目中各路桥公司数据中心的总体架构如图 4-2 所示。

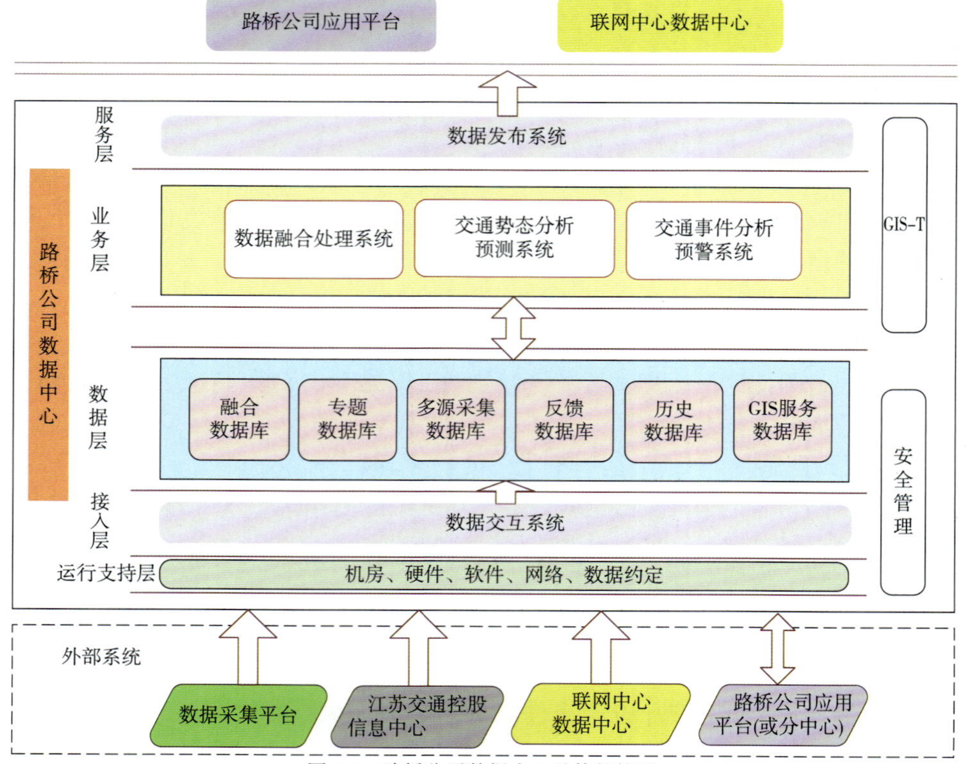

图 4-2 路桥公司数据中心总体架构图

(1)运行支持层：主要完成支撑数据中心其他各层正常运行的功能。

(2)接入层：主要完成汇聚服务所需数据的功能，接入外部系统各类来源渠道的服务所需数据，完成与外部的信息交互。

(3)数据层：主要完成系统数据分类存储功能。

(4)业务层：主要完成所需的业务处理分析功能，包括数据融合、交通状态实时预测、交通状态指数分析以及接口服务等。

(5)服务层：主要完成信息的发布功能，提供数据接口、应用接口等类型的接口，通过这些接口服务于外部各类应用。

5 综合数据库

根据路桥公司数据中心功能结构以及汇聚数据特点的不同，数据中心的综合数据库可细分为多源采集数据库、GIS 基础数据库、融合数据库、专题数据库、反馈数据库、历史数据库等六大类。通过综合数据库的数据的存储和管理功能，旨在实现各类数据汇集、存储及管理，满足自路桥公司数据中心外接入的实时数据、历史数据以及其他基础数据的存储及管理需要。

5.1 综合数据库结构

根据路桥公司数据中心功能结构以及汇聚数据特点的不同，数据中心的综合数据库可细分为多源采集数据库、GIS 基础数据库、融合数据库、专题数据库、反馈数据库、历史数据库等六大类。各类数据库的具体分析如下：

1) 多源采集数据库

用于存储数据采集平台上传的多源数据。未经数据中心处理的数据就存储在该数据库中。该类数据对于实时性要求比较高。

2) GIS 基础数据库

用于存储高速公路的基础地理信息，如路段（桥梁、隧道）基本信息，收费站、服务区等节点信息、路测监测和发布设施信息等与 GIS 地图展示相关的数据。该类数据用于支持路桥公司数据中心的处理分析，以及展示系统应用等。

3) 融合数据库

用于存储经过数据处理平台融合处理后的数据。该数据库中的数据包括单源数据在路网层面与 GIS 地图匹配融合后的数据，以及多源数据融合处理后的数据。融合数据库的数据主要用于支撑数据处理中心的处理分析，以及其他外部系统的信息共享。

4) 专题数据库

用于存储经融合、估计、预测、挖掘后的数据，这些数据按照交通状态数据、交通事故数据等进行归档、分类。应用平台可通过接口服务从该数据库中提取所需的数据，用于决策分析、展示等各类应用。

5) 反馈数据库

用来存储路网数据中心和应用平台反馈传送至路桥公司数据中心的数据。

6) 历史数据库

用来存储备份数据以及存储时间长（非实时更新）的数据。

综合数据库的逻辑结构如图 5-1 所示。

综合数据库的物理结构如图 5-2 所示。

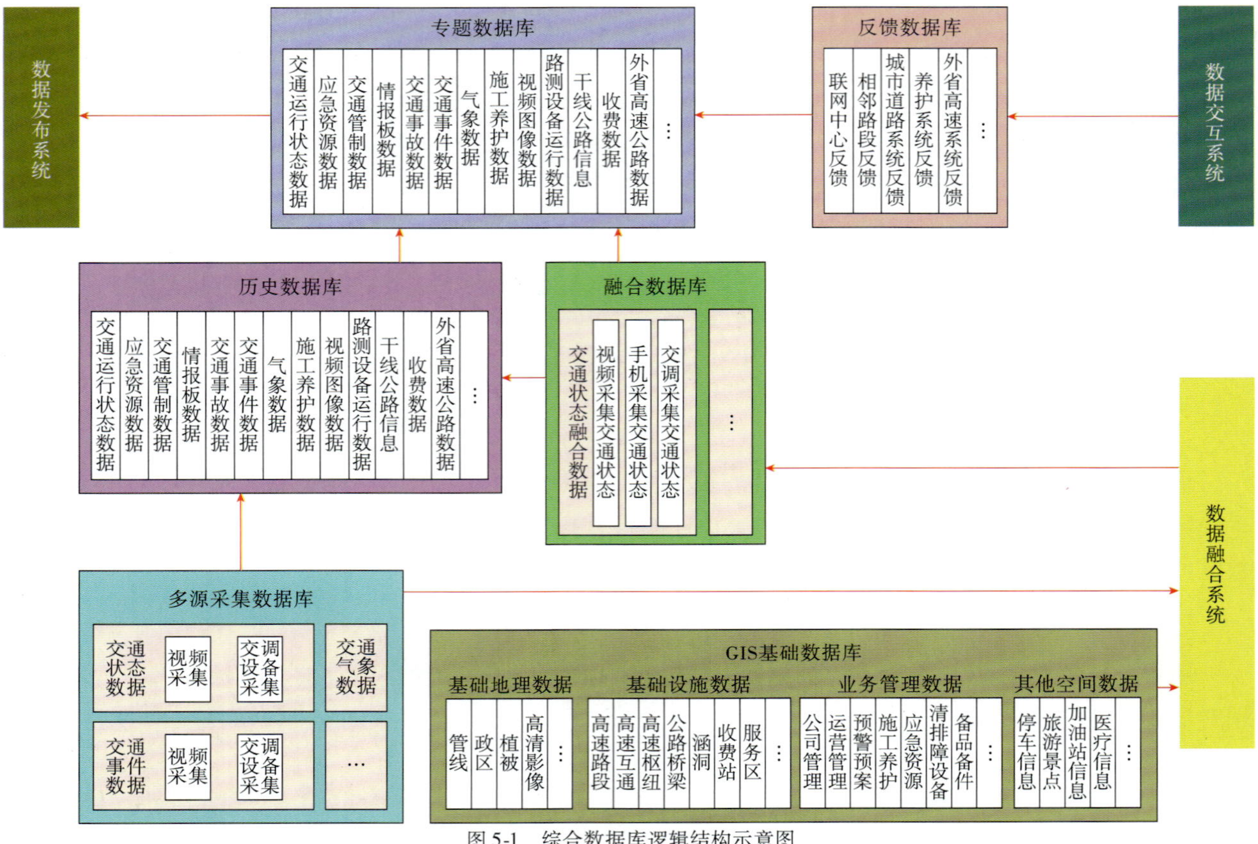

图 5-1　综合数据库逻辑结构示意图

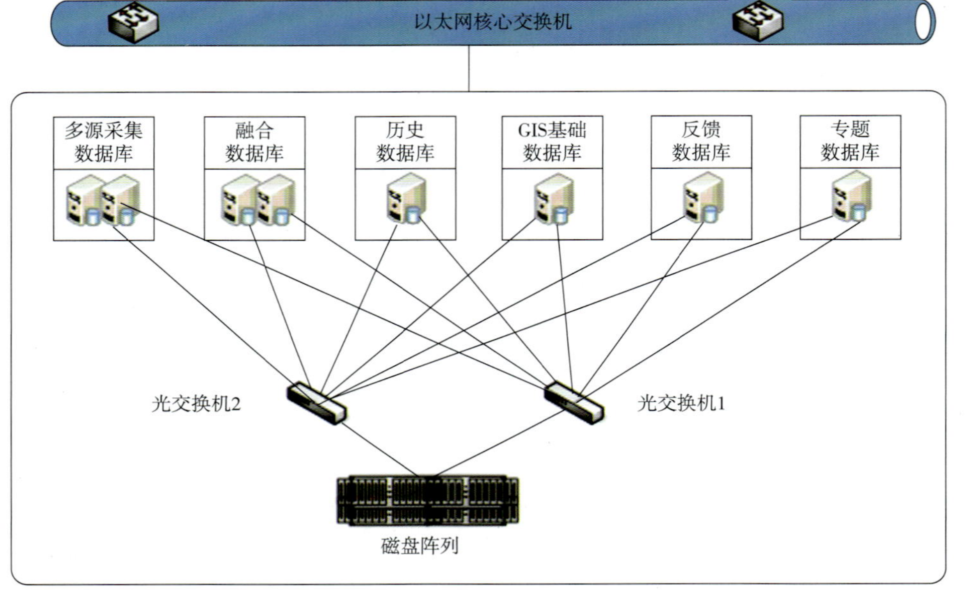

图 5-2　综合数据库物理结构示意图

5.2　功 能 目 标

综合数据库的建立旨在实现各类数据汇集、存储及管理，满足自路桥公司数据中心外接入的实时数据、历史数据以及其他基础数据的存储及管理需要。

5.3 功能介绍

1）数据的存储功能

通过对来自数据中心以外的各采集系统、外部系统的各类数据，包括交互道路流量数据、视频图像数据、地理信息数据、道路基本信息数据等，进行分类存储和备份。按照数据大小、存储要求对实时数据、历史数据以及基础数据予以区分。

2）数据的管理功能

根据数据的不同特点及应用要求，通过层次结构管理用户权限，确保数据的安全性，通过数据结构的优化以及索引分区的优化，实现数据的高效存储及备份管理。数据管理要求可达到：

（1）海量数据处理和高性能要求：强大的处理能力，支持海量综合数据库存储。

（2）可靠性和高可用性：支持在线备份恢复以及多级备份。

（3）可扩展性：支持单 CPU 到多 CPU 以及多机集群系统扩展。

（4）安全性：保障平台数据访问安全及使用安全。

5.4 系统截图

综合数据库的对外数据查询界面、数据统计界面、周期查询界面、参数管理界面、日志查询界面、数据仓库浮层界面分别如图 5-3 ~ 图 5-8 所示。

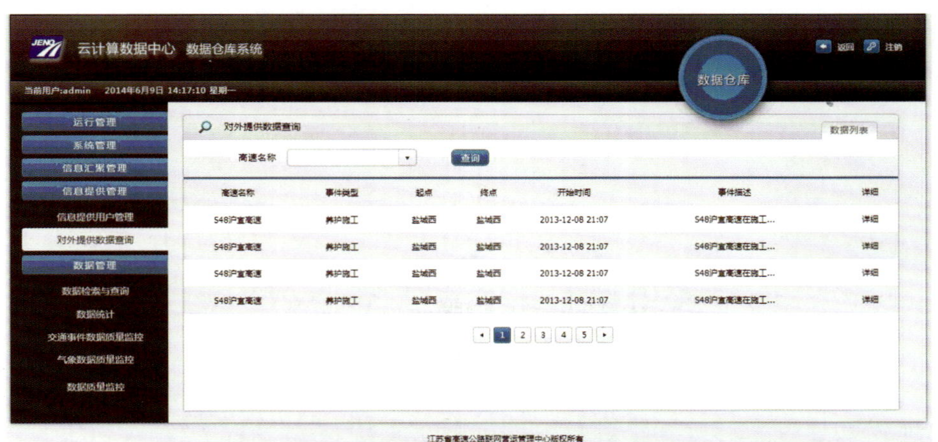

图 5-3 综合数据库对外数据查询界面

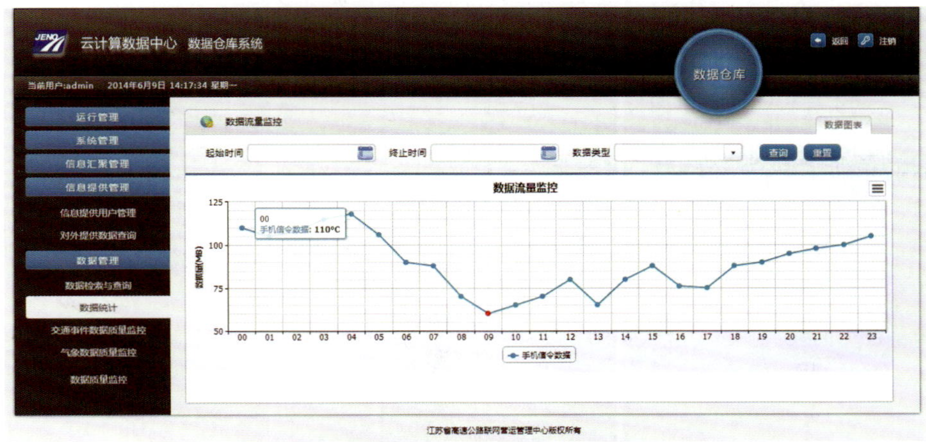

图 5-4 综合数据库数据统计界面

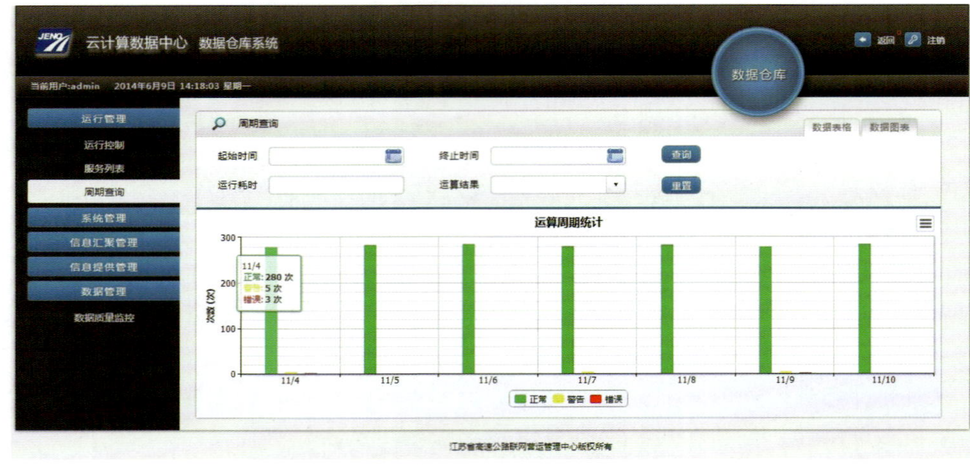

图 5-5 综合数据库周期查询界面

图 5-6 综合数据库参数管理界面

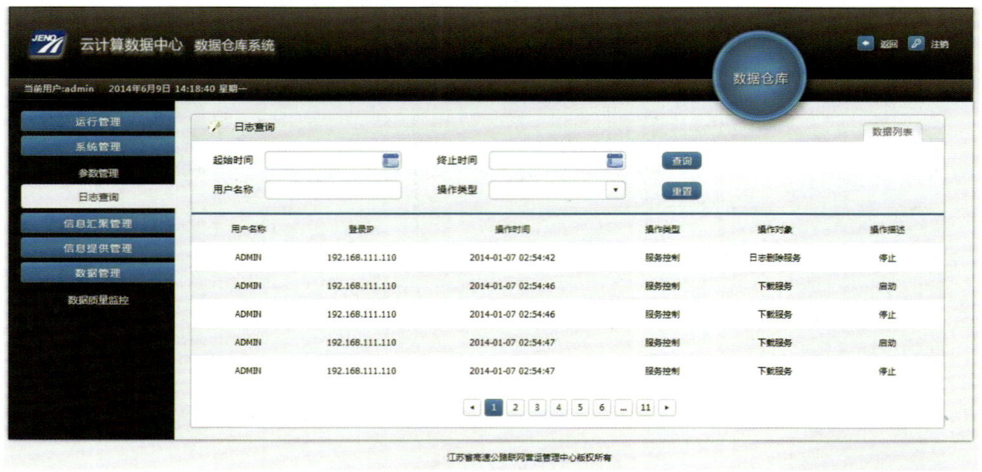

图 5-7 综合数据库日志查询界面

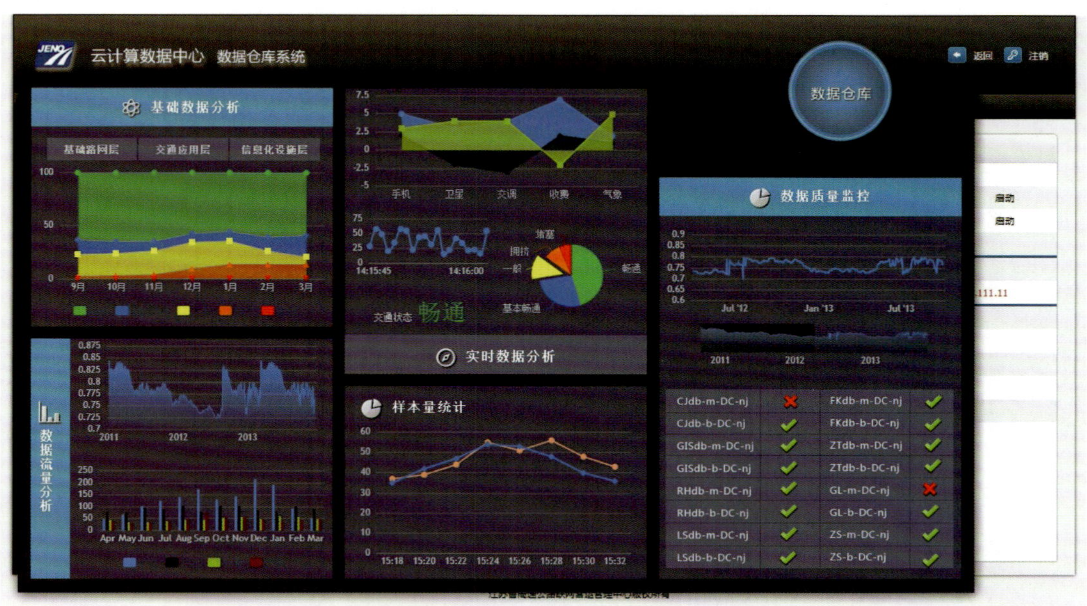

图 5-8　综合数据库数据仓库浮层界面

6 数据处理平台

数据处理平台用于实现智慧高速公路各类基础信息在路网与路段之间的交互与共享，对外发布各类专题数据，融合处理各类多源异构数据，预测交通态势，以提升高速公路交通管理与决策水平。数据处理平台主要包括数据交互系统、数据融合系统、数据共享系统、数据状态实时预测系统和交通状态指数分析系统五个部分。

6.1 数据交互

数据交互系统主要保证数据在路桥公司与外部系统(江苏交通控股、江苏省高速公路联网营运管理中心等)之间、路桥公司智慧高速公路建设系统内部安全顺畅地传递，以实现智慧高速公路各类基础信息在路网与路段之间的交互与共享。

6.1.1 业务需求

数据交互系统所交互的数据主要来自采集平台的基础数据。对于路桥公司交互系统来说，数据交互主要包括对外和对内两个方面。对外主要是与省控股、省联网等外部系统进行基础数据交互；对内主要是与指挥调度、公众服务、决策支持等应用系统平台进行数据交互。

6.1.1.1 路桥公司基础数据对外交互

路桥公司与外部系统数据交互主要包括两类：路桥公司将采集到的原始数据传给外部系统(主要包括省控股、省联网等)；外部系统将其原始数据传给路桥公司智慧高速公路信息化系统。

1)数据从路桥公司传递至外部系统

交互数据从路桥公司传至外部系统(省控股、省联网)的数据流如图6-1所示。路桥公司智慧高速公路建设系统的数据通过数据交互系统传递至交互数据存储区，省控股、省联网则根据自身的实际需求，到交互数据存储区主动抓取相关原始数据。

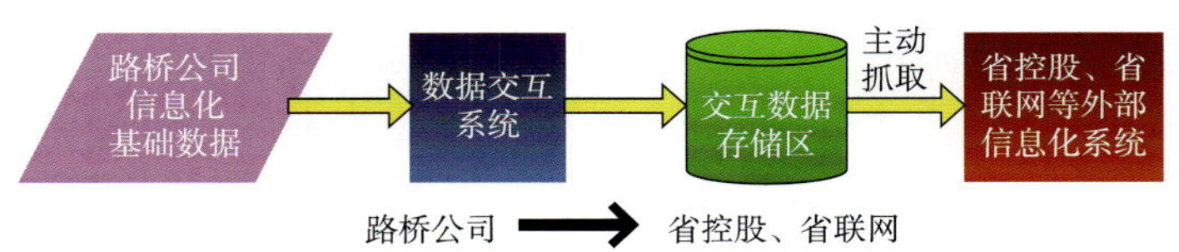

图6-1 路桥公司向外部系统传递数据流向图

路桥公司向省控股、省联网等外部系统传递的基础数据如表6-1所示，主要包括：交通事件信息、交通事故信息、施工养护信息、情报板信息、路段指挥调度状态信息、视频图像信息、交调信息、外场设备运行状态信息、服务区信息等信息。

路桥公司向外部系统传递数据列表 表6-1

数据传输方向	数 据 项	数 据 内 容	数据传输周期
路桥公司数据中心→省控股、省联网数据中心	交通事件信息	事件类型、事件发生时间、发现事件时间、事件结束时间、事件起讫地点	事件触发传输
	交通事故信息	事故发生时间、发现事故时间、事故结束时间、事故起讫地点、事故类型、事故级别、事故影响	事故触发传输
	施工养护信息	施工养护单位、施工养护开始时间、施工养护持续时间、施工养护影响、施工养护起讫地点	变化触发传输

续上表

数据传输方向	数据项	数据内容	数据传输周期
路桥公司数据中心→省控股、省联网数据中心	情报板信息	情报板设备代码、情报板显示内容、情报板更新时间、情报板历史预案	不大于5min
	路段指挥调度状态信息		变化触发传输
	视频图像信息		联网中心请求响应传输
	交调信息		实时
	外场设备运行状态信息		不大于5min
	服务区信息	服务区停车位信息、加油站信息、餐饮信息、服务区WIFI信息(实时在线用户数、用户状态、损失用户数等)	不大于5min

2)数据从外部系统传递至路桥公司

交互数据从外部系统(省控股、省联网)传至路桥公司的数据流如图6-2所示。省控股、省联网智慧高速公路建设系统的数据将通过数据交互系统，存放于交互数据存储区内，路桥公司智慧高速公路建设各系统将在自身权限的基础上、根据自身需要主动抓取交互数据。

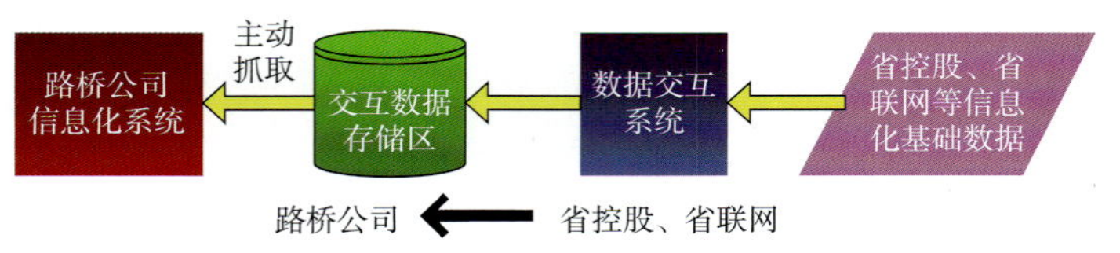

图6-2 外部系统向路桥公司传递数据流向图

省控股、省联网等外部系统向路桥公司传递的基础数据如表6-2所示，主要包括：路网交通运行状态信息、路网交通运管状态估计与预测信息、外省高速公路信息、城市道路信息、干线公路信息、GIS基础信息、路网指挥调度指令信息、路网交通事件信息、路网交通事故信息、路网施工养护信息等。

外部系统向路桥公司传递数据列表　　表6-2

数据传输方向	数据项	数据内容	数据传输周期
省控股、省联网数据中心→路桥公司数据中心	路网交通运行状态信息	平均车速、交通流量	不大于5min
	路网交通运营状况估计与预测信息	平均车速、交通流量、交通阻断或拥堵情况	不大于5min
	外省高速公路信息	外省高速公路GIS基础信息	按相关制度执行
		交通运行状态信息	
		交通事故/事件信息	
		交通施工养护信息	
		交通管制信息	
		气象信息	

续上表

数据传输方向	数据项	数据内容	数据传输周期
省控股、省联网数据中心→路桥公司数据中心	城市道路信息	城市道路 GIS 基础信息	按相关制度执行
		交通运行状态信息	
		交通管制信息	
		交通事故/事件信息	
		施工养护信息	
	干线公路信息	干线公路 GIS 基础信息	按相关制度执行
		交通运行状态信息	
		交通管制信息	
		交通事故/事件信息	
		施工养护信息	
	GIS 基础信息		变化触发传输
	路网指挥调度指令信息		变化触发传输
	路网交通事件信息		事件触发传输
	路网交通事故信息		事故触发传输
	路网施工养护信息		变化触发传输

6.1.1.2 **路桥公司基础数据对内交互**

路桥公司与内部系统数据交互主要包括两类：路桥公司数据中心将采集到的原始数据直接传给路桥公司应用系统平台（主要包括指挥调度平台、公众服务平台、决策支持系统等）；应用系统平台生成的数据通过交互系统把数据传递至路桥公司的数据中心。

1）数据从数据中心传递至应用系统平台

交互数据从数据中心传至应用系统平台的数据流如图 6-3 所示。

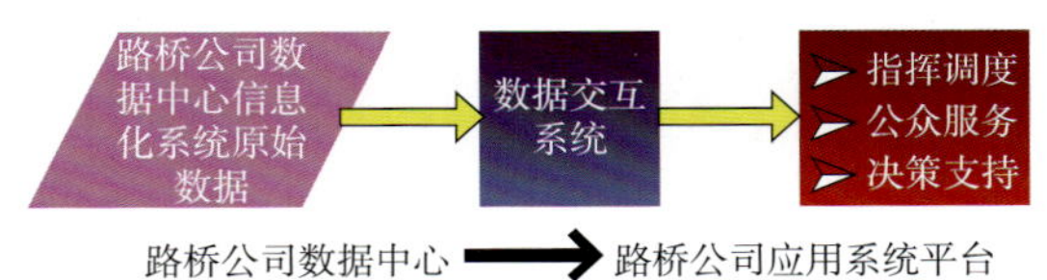

图 6-3 路桥公司数据中心向应用系统平台传递数据流向图

路桥公司数据中心向内部指挥调度、公众服务等应用系统传递的基础数据如表 6-3 所示，主要包括：检测设施数据、路侧交调数据、气象数据等信息。

路桥公司数据中心向应用系统平台传递数据列表 表 6-3

数据项	数据内容	备注
检测设施数据	不同种类检测设备的编号 数据采集的时间和位置	与 GIS 地图匹配
路侧交调数据	交通流量	（veh/h）
	瞬时速度	（km/h）
	平均车速	（km/h）
	行程时间	（h）
	行驶方向	
	车辆类型	
气象数据	实时气象检测数据	
	气象预报数据	
	气象预警数据	

2) 数据从应用系统平台传至数据中心

交互数据从应用系统平台传至数据中心的数据流如图6-4所示。

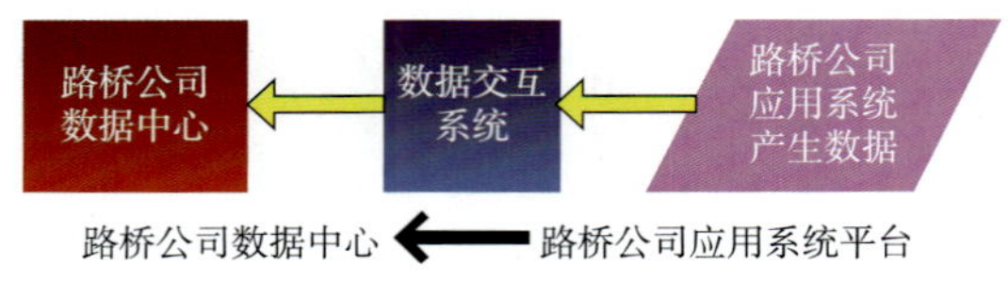

图6-4　路桥公司应用系统平台向数据中心传递数据流向图

路桥公司应用系统平台向数据中心传递的数据如表6-4所示，主要包括：交通事件信息、交通事故信息、施工养护信息、情报板信息、路段指挥调度状态信息等信息。

路桥公司应用系统平台向数据中心传递数据列表　　表6-4

数据项	数据内容	备注
交通事件信息	事件类型	包括高速公路抛撒物、停车、超速、超重、危险品等
	事件发生时间	
	发现事件时间	
	事件结束时间	
	事件地点	包括桩号、所属路段、所属管辖分监控中心
交通事故信息	事故发生时间	
	发现事故时间	
	事故结束时间	
	事故地点	包括桩号、所属路段、所属管辖分监控中心
	事故类型	
	事故级别	
	事故影响	因事故造成的人员伤亡、财产损失、道路基础设施损坏、交通运行影响
施工养护信息	施工养护单位	
	施工养护开始时间	
	施工养护持续时间	
	施工养护影响	
	施工养护起讫地点	
情报板信息	情报板设备代码	
	情报板显示内容	
	情报板更新时间	
	情报板历史预案	
路段指挥调度状态信息	交通管制	
	应急资源库	
	指挥调度信息设备	
	气象数据	
	突发事件	
	养护信息	

6.1.2 功能目标

数据交互系统用于完成基础数据在路桥公司数据中心与外部系统数据中心之间、公司内部采集平台与应用系统之间的数据传输与交换，以提升智慧高速公路信息化系统基础数据的利用效率，保证数据能够在各方之间实现有效传递、降低信息孤岛对智慧高速公路建设的影响。

除了保证基础数据高效、稳定、安全地进行交互之外，路桥公司智慧高速公路数据交互系统还用于对交互数据进行有效的监督与管控，以实现交互数据的全程跟踪，保证交互数据的安全，并为不同权限的用户提供差异化的交互服务。

6.1.3 功能介绍

1）数据汇聚功能

数据汇聚功能主要实现交互数据的提取、解析、重构与校核，为系统交互提供准确的基础数据。

2）数据交互功能

数据交互作为基础数据交互的媒介，在交互数据与交互用户之间构建了一座“桥梁”，可根据访问用户的权限对用户进行管理。

3）数据管理功能

数据管理是指对交互系统数据汇聚、数据管理等功能模块的交互功能进行管理，并全程跟踪交互数据的核心功能区域内的基础数据进行跟踪与管控，以实现交互数据的实时查询与安全认证。

6.1.4 系统架构

为实现数据交互系统的功能目标，需要从路桥公司实际需求出发，研究各项功能之间的逻辑关系，进而构建出路桥公司智慧高速公路交互系统的功能架构。

路桥公司智慧高速公路交互系统架构分为：数据层、核心交互层和用户层。其中，核心交互层是数据交互的主要功能区域，包括数据汇聚、数据管理、数据交互等功能模块，如图 6-5 所示。

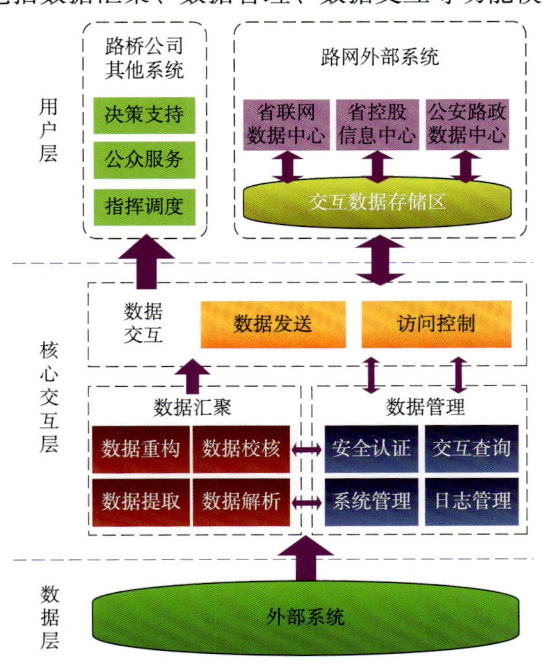

图 6-5　数据交互系统架构图

1）数据层

数据层的功能是为路桥公司交互数据，是数据的来源。由于交互系统主要是交互原始数据（数据中心处理后的数据并不通过交互系统进行传递），所以，路桥公司智慧高速公路采集平台作为交互数据的来源，支撑路桥公司智慧高速公路交互系统完成对外与对内的数据交互。

2）核心交互层

核心交互层作为交互系统的核心功能区域，主要实现数据对内、对外的交互，确保数据的质量与精度，并实现数据交互全过程的管理与控制。核心交互区中主要包括数据汇聚、数据交互、数据管理三个功能模块，其功能描述如表6-5所示。

数据交互系统功能模块 表6-5

模块名及子模块名		功能描述
数据汇聚模块		从数据层中提取交互数据，根据不同用户的权限将这些基础数据进行分析、处理与重构，并在此基础上对重构数据的精度与有效性进行校验、审核
数据交互模块	数据发布功能子模块	实现交互数据的分发：对于外部系统，该模块将经过数据汇聚的各类交互信息发送至交互数据存储区内，供外部系统的智慧高速公路相关系统主动抓取；对于内部应用系统平台，该模块将经过数据汇聚的各类交互系统发送至应用平台，供其发布展示所用
	访问控制功能子模块	控制不同访问权限用户对交互数据的获取程度
数据管理模块	系统管理子模块	对交互系统各功能模块的系统进行管理，保障系统正常运转，发现异常情况并进行报警
	日志管理子模块	记录交互系统中各模块的运行状态及相关事件，并能够提供系统运行状态（事件）的动态调阅
	安全认证子模块	对用于交互的数据进行安全管理，保证接入系统的数据的安全性
	交互查询子模块	对数据交互的相关情况进行统计，同时提供统计情况查询功能

（1）数据汇聚模块。

数据汇聚模块从数据层中提取交互数据，根据不同用户的权限将这些基础数据进行分析、处理与重构，并在此基础上对重构数据的精度与有效性进行校验、审核，从而保证数据交互模块中各类用户能够获得符合其权限的基础数据。

（2）数据交互模块。

数据交互模块包括数据发送功能和访问控制两个子模块。

数据发布功能子模块主要用于实现交互数据的分发：对于与外部系统的数据交互来说，数据发布子模块将经过数据汇聚的各类交互信息发送至交互数据存储区内，供省控股、省联网等外部系统单位的智慧高速公路相关系统主动抓取；对于与内部应用系统平台的数据交互来说，数据发布子模块将经过数据汇聚的各类交互系统发送至指挥调度、公众服务等应用平台，供其发布展示所用。

访问控制功能子模块主要用于控制不同访问权限用户对交互数据的获取程度，该模块主要是为路桥公司与外部系统的数据交互进行服务。访问控制功能子模块用于根据省控股、省联网、公安路政的需求，对交互数据存储区内的各类数据设置不同的访问权限，以保证各用户能够准确获取各自使用权限内的交互数据。

（3）数据管理模块。

数据管理模块包含系统管理、日志管理、安全认证和交互查询四个子模块功能。

系统管理子模块主要用于对交互系统各功能模块进行管理，以保障系统正常运转，发现异常情况并进行报警。

日志管理子模块用于全程记录交互系统中各模块的运行状态及相关事件，并能够提供系统运行状态(事件)的动态调阅。此外，该子模块还用于实现对历史日志数据的调取与统计分析，以便为系统的稳定、高效运行提供保障。

安全认证子模块用于对交互的数据进行安全管理，以保证接入系统的数据的安全性，为系统交互数据的安全提供保证。

交互查询子模块用于对数据交互的相关情况进行统计，同时提供统计情况查询功能，如表 6-5 所示。

3)用户层

交互系统用户层集中了进行数据交互的各类用户，主要包括外部用和内部用户。外部用户主要包括省控股信息中心、省联网数据中心、公安路政数据中心等，这些用户可主动地从交互数据存储区获取各自权限范围内的基础数据；内部用户主要包括指挥调度、公众服务等应用平台，这些用户可根据需要从交互系统获取各类交互数据。

6.1.5 技术指标

数据交互系统的设计与开发，要求达到以下技术要求：

1)数据接收

按要求解析成为数据中心可用数据，要求 10s 内完成，数据要求接收的正确性为 100%；接收数据的延迟时间不超过 10s。

最大用户并发数不小于 100；最大数据种类数量不少于 500；响应时间小于 3s。

2)数据管理及订阅

订阅请求响应时间小于 3s；最大用户并发数不小于 100。

3)数据处理

对接收到的数据 10s 内完成解析；对接收到的数据 5s 内完成校验。

4)数据发送

接收数据实时计算；响应时间小于 3s；每个文件的实时计算处理延误小于 2min。

5)系统运行管理

服务查看响应时间小于 1s；周期查询响应时间小于 2s。

6)系统日志管理

查询处理时间小于 10s；要求日志写入延迟小于 100ms。

7)系统展示

响应时间小于 3s。

8)系统可靠性

(1)稳定性：系统运行稳定性须达到 98%。

(2)安全性：系统需保证输入、输出数据的安全性，通过防火墙制定严格的访问控制策略，并通过安全认证接口保证数据接口安全性。

(3)可管理性：系统需具有友好的管理界面，可通过简单配置操作增删数据接收/发布端口，提供完善的监控功能对软硬件可用性与性能进行监控，合理分配 CPU，内存等资源。

(4)高可用性：系统需提供服务器集群服务和备份机制。

(5)延迟性：系统接收数据的延迟时间不超过 10s(从数据源端发出数据至应用系统收到数据)，因网络造成的延迟除外。

6.1.6 系统截图

数据共享系统的客户端管理界面、交互数据种类界面、客户订阅数据列表界面、数据接收错误排行界面、各数据报警列表界面、浮层界面分别如图 6-6 ~ 图 6-11 所示。

图 6-6 数据共享系统客户端管理界面

图 6-7 数据共享系统交互数据种类界面

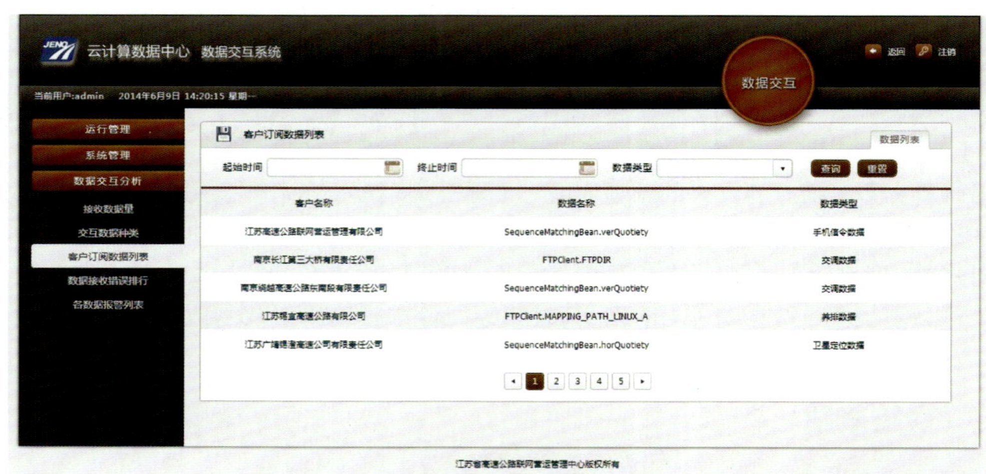

图 6-8 数据共享系统客户订阅数据列表界面

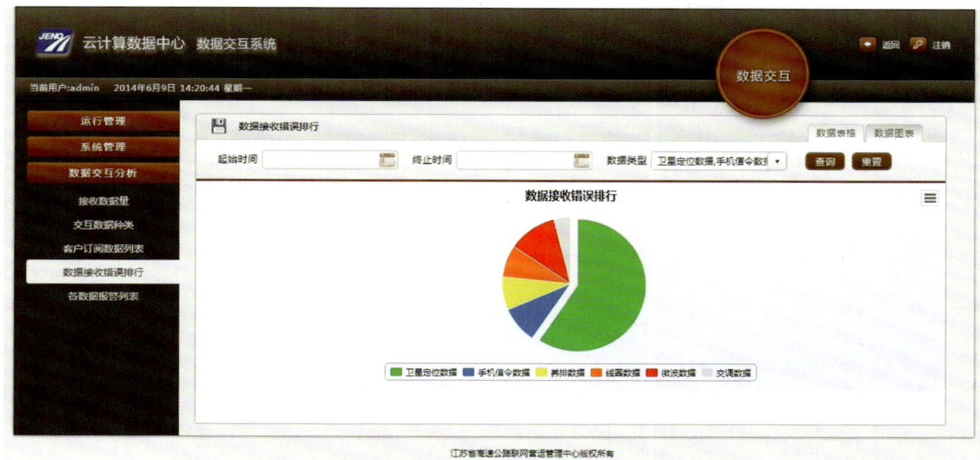

图 6-9　数据共享系统数据接收错误排行界面

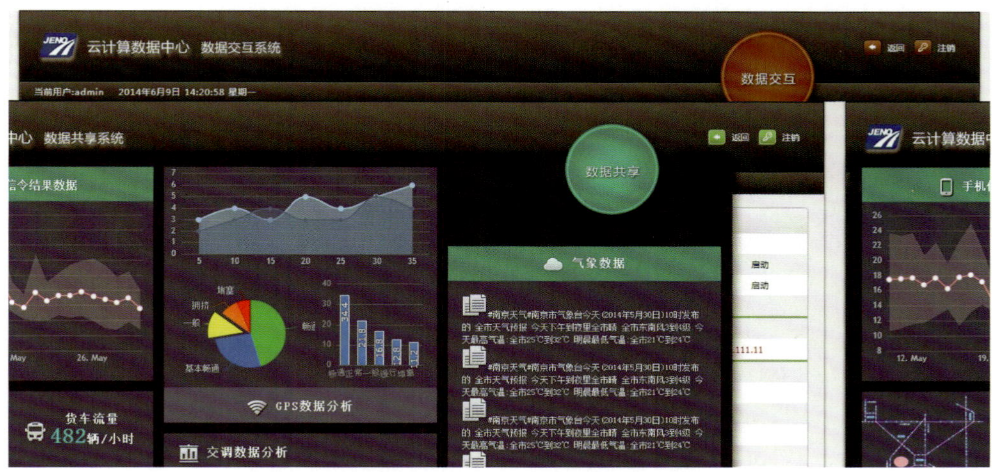

图 6-10　数据共享系统各数据报警列表界面

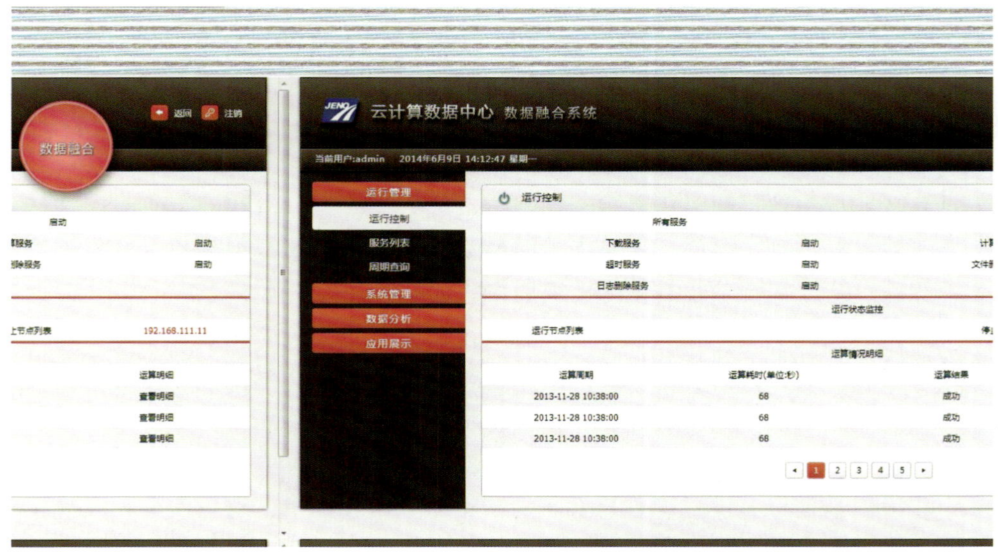

图 6-11　数据共享系统浮层界面

6.2 数据融合

数据融合系统是数据处理平台对多源异构数据进行融合处理的子系统。数据融合系统在分析广域多源异构数据特性的基础上，可实现各种数据源在时间、空间、路况表征角度上的相互补充，得出比从任何单个数据源更加全面、准确、可靠的交通信息，以更好地服务于各项应用。

6.2.1 业务需求

数据融合系统业务流程如图6-12所示。

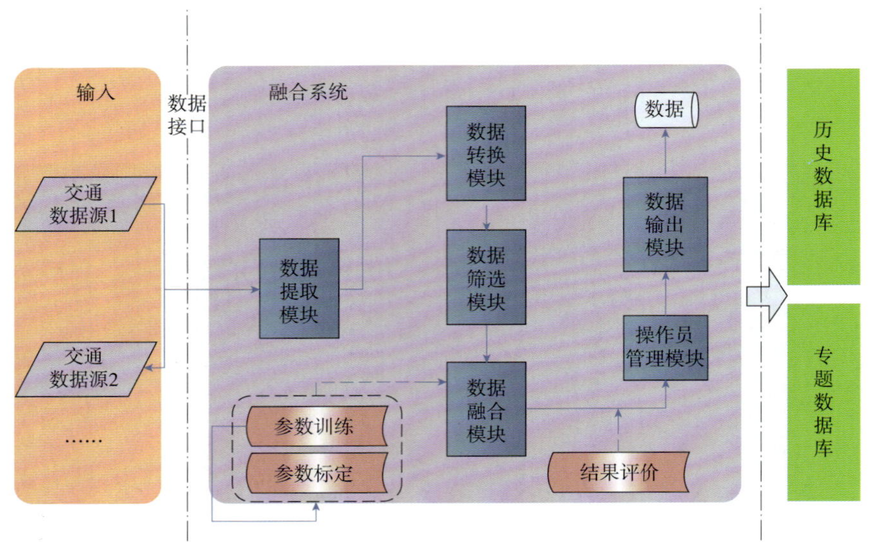

图6-12 数据融合系统业务流程图

融合系统包括数据提取模块、数据转换模块、数据筛选模块、数据融合模块、操作员管理模块和数据输出模块。数据融合系统通过数据接口，由数据提取模块提取出对融合系统有用的原始数据信息；由数据转换模块和数据筛选模块对原始数据进行过滤、筛选、标准化等预处理工作；由数据融合模块根据融合需求选择具体融合方式，建立数据融合模型与算法，利用历史数据或实时数据对模型参数进行标定。操作员管理模块负责将交通融合信息应用到系统管理、报表分析等具体应用中。由数据输出模块，负责将交通融合信息和应用融合信息后的反馈信息存储到历史数据库和专题数据库中。

路桥公司数据中心既可以汇集采集系统的交通信息数据，也可以与联网中心交互获得与路桥公司有关的信息数据。这些数据种类多样，来源于不同的采集方式。营运管理部门也对数据融合的要求不一。因此，数据融合的方式需要依据具体的需求划分。数据融合有三种方式：

1）不同来源的同种数据，经过数据融合，变成精度更高的同种数据

这种方式下，数据融合系统可根据需求提取相关各类同种数据，经过统一的数据评估、标准化和转换处理，得到融合系统所需的初始数据；开发该类型数据的融合算法，建立数据融合模型，利用历史数据或实时数据对模型参数进行标定。同时，对数据融合后的结果进行准确性验证，包括对数据融合算法的验证，以及对数据融合模型参数的验证。在实际应用过程中，动态调整和完善相应融合算法以及模型参数。比如，融合气象以及交调采集系统的信息，得到比单一采集系统更可靠、精度更高的交通状态信息。

2) 不同来源的不同类型数据，经过数据融合，变成一种新的(或精度更高的)数据

这种方式下，数据融合系统可根据需求提取相关各类数据，如卫星定位采集系统的速度数据、交调采集系统的交通量数据、与联网中心数据平台交互得到的相关气象数据等，经过统一的数据评估、标准化和转换处理，得到融合系统所需的初始数据；根据需要的新(或精度更高的)数据，如路段交通事件(事故)数据，开发该类型数据的融合算法，建立数据融合模型，利用历史数据或实时数据对模型参数进行标定。同时，对数据融合后的结果进行准确性验证，包括对数据融合算法的验证，以及对数据融合模型参数的验证。在实际应用过程中，动态调整和完善相应融合算法以及模型参数。

3) 同种来源的不同数据，经过数据融合，变成一种新的(精度更高的)数据

这种方式下，数据融合系统主要可利用同一采集系统获得的不同类型的数据，如交调采集系统下的交通流量数据、地点车速数据、车头时距数据等，通过开发的相应融合算法，得到一种新(或精度更高)的数据，如评估路段车流的平均车速。

6.2.2 功能目标

路桥公司数据中心既可以汇集采集系统的交通信息数据，也可以与联网中心交互获得与路桥公司有关的信息数据，如多源交通运行状态数据。将路桥公司数据中心获得的多源异构数据，选择对应的数据融合方式进行融合处理，再基于 GIS 编码形成统一的交通状态数据，为其他处理分析系统及平台应用提供数据支持。利用该系统可以为应用平台提供各类多源的融合数据。

6.2.3 功能介绍

多源交通数据融合系统包括数据提取与有效数据处理子系统、数据评估子系统、数据标准化子系统、数据转换子系统、数据筛选子系统、多数据源融合子系统、系统管理子系统、查询统计子系统、日志管理子系统和系统整体测试及调优子系统这十大功能要求，具体说明如下：

1) 数据提取与有效数据处理子系统

数据提取与有效数据处理子系统的功能包括：数据提取与有效数据处理两项具体功能，具体功能如表 6-6 所示。

数据提取与有效数据处理子系统功能要求表 表 6-6

功能编号	功 能 名	功 能 描 述
F1	数据提取功能	可根据融合系统的需求，由原始数据提取出对融合系统有用的信息，以减少后续工作的数据运算量。要求实现如下功能： 1. 各系统数据的查询模块； 2. 各系统数据的提取模块
F2	有效数据处理功能	初步过滤掉原始数据中的错误数据，保留有效数据；或者对原始数据进行可靠性标记。要求实现如下功能： 1. 数据初始过滤模块； 2. 数据有效性判断模块； 3. 数据预处理模块； 4. 分析时间需要少于 20s

2) 数据评估子系统

数据评估子系统用于对来自于融合系统的上游系统相关数据进行质量评估与特征分析。数据评估子系统包括上游结果数据评估和上游结果数据特征分析两项具体功能，子系统的具体功能如表 6-7 所示。

数据评估子系统功能要求表　　表 6-7

功能编号	功 能 名	功 能 描 述
F1	上游结果数据评估功能	对上游结果数据的质量分别进行评估。要求实现如下功能： 1. 支持标准评估上游结果数据功能； 2. 评估有效性和正确性达 95% 以上
F2	上游结果数据特征分析功能	对上游结果数据的特征分别进行分析。要求实现如下功能： 1. 对数据进行特征分析； 2. 对上游结果数据标定

3)数据标准化子系统

多源交通数据标准化包含以下两个方面含义：统一各采集系统数据的时间空间点和统一各采集数据对交通状态的表达。数据标准化子系统包括数据预处理和数据标准化两项具体功能，子系统的具体功能如表 6-8 所示。

数据标准化子系统功能要求　　表 6-8

功能编号	功 能 名	功 能 描 述
F1	数据预处理功能	数据预处理功能用于对数据进行分析，以求最大化地开发数据资料的功能，发挥数据的作用。该功能要求实现： 1. 支持对超过 300GB 的文本文件在内存中的分析，分析时间需要小于 20s； 2. 支持集群式的数据分析功能，当需要分析的数据量增加时，只需要动态增加分析主机； 3. 支持数据分析异常隔离功能； 4. 支持数据分析节点异常时，数据分析任务自动接管功能
F2	数据标准化功能	将匹配后的多源数据根据后续融合进行标准化表达处理。要求实现如下功能： 1. 对高速公路数据进行数据标准化； 2. 支持多种数据源标定算法； 3. 支持在多计算节点数据标定

4)数据转换子系统

数据转换子系统用于将多源系统输入的数据转换为融合所需要的数据。数据转换子系统包括数据特征提取和数据转换两项具体功能，子系统的具体功能如表 6-9 所示。

数据转换子系统功能要求　　表 6-9

功能编号	功 能 名	功 能 描 述
F1	数据特征提取功能	提取多源数据的不同数据特征。可根据融合系统的需求，由原始数据提取出对融合系统有用的信息，以减少后续工作的数据运算量。要求实现如下功能： 1. 各系统数据的查询模块； 2. 各系统数据的提取模块
F2	数据转换功能	将提取后的数据特征转换为融合所需数据格式。要求实现如下功能： 1. 对格式进行标准定义； 2. 将其他格式转换为标准格式

5）数据筛选子系统

数据筛选子系统用于选取合理有效的数据，并进一步判断其可靠性。数据筛选子系统包括数据过滤和数据可靠性处理两项具体功能，子系统的具体功能如表 6-10 所示。

数据筛选子系统功能要求表 表 6-10

功能编号	功能名	功能描述
F1	数据过滤功能	选取合理有效的数据的功能，对数据进行过滤、去噪。要求实现如下功能： 1. 对数据进行分解； 2. 对分解后的高频系数进行阈值量化； 3. 重构数据内容； 4. 响应时间小于 3s
F2	数据可靠性处理	判断各类数据的可靠性并处理生成其置信度的功能。要求实现如下功能： 1. 在规定的条件下，在规定的时间内，数据引起系统失效的概率小于 99%； 2. 在规定的时间周期内，在所述条件下数据处理功能的能力要求不低于 99%

6）多数据源融合子系统

数据融合算法模块为融合系统的核心模块，要求将不同来源的数据通过算法进行融合。多数据源融合子系统包括数据融合模型、数据融合模型参数校正和数据融合模型的验证三项具体功能，子系统的具体功能如表 6-11 所示。

多数据源融合子系统功能要求表 表 6-11

功能编号	功能名	功能描述
F1	数据融合模型	选取合理的数据融合模型算法实现对多源数据的融合。要求实现如下功能： 1. 多数据源数据处理功能； 2. 融合算法处理时间需要少于 20s
F2	数据融合模型参数校正	实现对不同数据融合算法中的参数进行训练与校正。要求实现如下功能： 1. 数据融合模型的参数标定； 2. 数据融合模型参数的校验
F3	数据融合模型的验证	实现对数据融合后的结果进行准确性验证。要求实现如下功能： 1. 数据融合算法验证； 2. 数据融合模型参数验证

7）系统管理子系统

系统管理子系统是数据融合系统的核心组成部分，为其他各子系统提供功能支持，该子系统包括参数管理、运行状态查询、进程管理、系统展示界面四项具体功能，子系统的具体功能如表 6-12 所示。

其中参数管理功能：要求将系统内核提供外部接口，用来显示数据结构，这些数据结构对于决定诸如使用的中断、初始化的设备和内存统计信息之类的系统参数进行控制。这个接口要作为一个独立但虚拟的文件系统提供。

系统管理子系统功能要求表 表 6-12

功能编号	功能名	功能描述
F1	参数管理	实现对系统的参数进行修改。要求实现如下功能： 1. 系统参数添加； 2. 系统参数修改； 3. 系统参数删除等
F2	运行状态查询	实现各子系统的模块当前与历史运行状态查询。要求实现如下功能： 1. 对当前运行状态的查询； 2. 对历史运行状态的查询
F3	进程管理	实现对各子系统当前所运行的各进程的管理。要求实现如下功能： 1. 支持对运行各进程的进程文件、进程名称、描述等信息获取； 2. 进程信息获取时间要求小于 200ms； 3. 进程信息自动备份功能
F4	系统展示界面	通过可视化界面使操作人员能够对系统进行管理与查询。要求实现如下功能： 1. 提供操作人员登入系统的可视化界面； 2. 支持系统参数修改； 3. 支持系统运行参数查询； 4. 响应时间小于 3s

8）查询统计子系统

系统查询统计子系统是该系统核心部分，包括数据订阅管理模块、数据查询统计引擎等功能模块。

9）日志管理子系统

日志管理子系统用于记录系统中硬件、软件和系统故障等信息，同时监视系统中发生的事件。用户可以通过它来检查故障等发生的原因，或者寻找受到攻击时攻击者留下的痕迹，以对系统软件运行的日志记录进行查询、导出。

10）系统整体测试及调优子系统

系统整体测试及调优子系统包括：系统整体性能测试、系统整体稳定性测试、系统整体压力测试、系统整体容灾性测试、系统整体健壮性测试五项具体功能。子系统的具体功能如表 6-13 所示。

系统整体测试及调优子系统功能要求表 表 6-13

功能编号	功能名	功能描述
F1	系统整体性能测试	性能测试是指通过自动化的测试工具模拟多种正常、峰值以及异常负载条件下对系统的各项性能指标进行测试。要求实现如下功能： 1. 测试 CPU 性能； 2. 测试磁盘性能； 3. 测试内存性能
F2	系统整体稳定性测试	在连续不间断长时间运行、数据库服务器和应用服务器存在一定的压力下，测试产品的稳定性及应用服务器和数据库服务器的运行情况。要求实现如下功能： 1. 长时间运行及各种操作下，软件的稳定性以及各种性能指标的劣化趋势性能； 2. 多进程或多线程运行时的稳定性； 3. 不同操作系统，在不同宿主软件下运行的稳定性

续上表

功能编号	功 能 名	功 能 描 述
F3	系统整体压力测试	压力测试是指对系统不断施加压力的测试，是通过确定一个系统的瓶颈或者不能接收的性能点，来获得系统能提供的最大服务级别的测试。要求实现如下功能： 1. 如果平均中断数量是1～2次/s，那么设计特殊的测试用例产生10次/s中断； 2. 输入数据量增加一个量级，确定输入功能将如何响应； 3. 在虚拟操作系统下，产生需要最大内存量或其他资源的测试用例，或产生需要过量磁盘存储的数据
F4	系统整体容灾性测试	计算机系统在遭受如火灾、水灾、地震、战争等不可抗拒的自然灾难以及计算机犯罪、计算机病毒、掉电、网络/通信失败、硬件/软件错误和人为操作错误等人为灾难时，容灾系统应保证用户数据的安全性(数据容灾)。一个完善的容灾系统，应能够提供不间断的应用服务(应用容灾)。要求实现如下功能： 1. 数据容灾测试； 2. 应用容灾测试等
F5	系统整体健壮性测试	健壮性测试又称容错性测试，用于测试系统在出现故障时，是否能够自动恢复或者忽略故障继续运行。要求实现如下功能： 1. 通过测试； 2. 灾难性失效：是一种系统健壮性测试中最严重的失效，即通常所说的“死机”测试； 3. 重启失效：一个系统函数的调用没有返回，使得调用它的程序挂起或停止测试； 4. 夭折失效：程序运行时由于异常输入，系统发出错误代码使程序中止的测试； 5. 沉寂失效：异常输入时，系统应当发出错误代码，但测试结果并没有发生异常的测试； 6. 干扰失效：系统异常时返回了错误代码，但该错误代码并不是期望中的错误代码的测试

6.2.4 系统架构

为实现数据融合系统的功能目标，从路桥公司的实际需求出发，研究各项功能之间的逻辑关系，进而构建出路桥公司数据融合系统的架构，如图6-13所示。

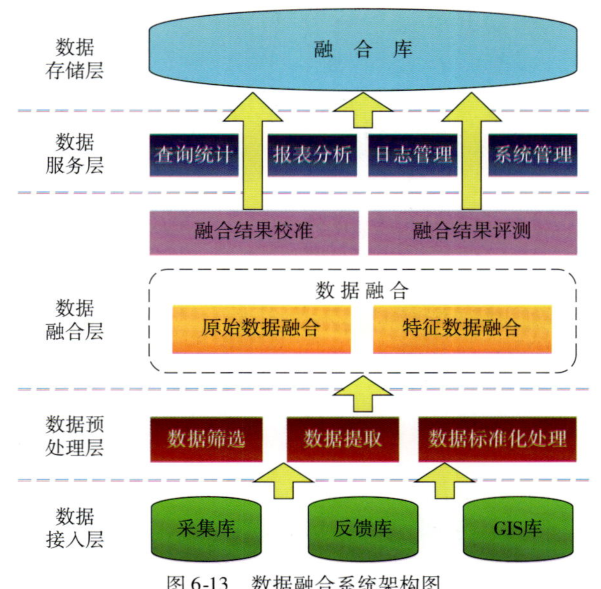

图6-13 数据融合系统架构图

路桥公司数据融合系统架构分为：数据接入层、数据预处理层、数据融合层、数据服务层和数据存储层。其中，数据融合层是数据融合系统的主要功能区域，包括原始数据融合、特征数据融合等功能模块。

1）数据接入层

数据接入层是数据融合系统的原始数据存储中心，既存储了采集系统上传的交通信息数据，也存储了与联网中心交互获得与路桥公司有关的信息数据。根据融合系统的需求，可从数据接入层的采集数据库、反馈数据库和 GIS 数据库中提取出对融合系统有用的原始数据信息，以减少后续工作的数据运算量。

2）数据预处理层

数据预处理层通过提取原始数据，对其进行过滤、筛选、标准化等预处理，以便于数据融合层能够高效地实现对多源数据的融合。首先，利用数据提取功能模块从原始数据提取出对融合系统有用的信息，初步过滤掉原始数据中的错误数据，保留有效数据；或者对原始数据进行可靠性标记。其次，对有效的多元数据进行质量评估与特征分析。最后，对多源交通数据进行标准化处理，统一各采集系统数据的时间空间点和对交通状态的表达，转换为融合所需数据格式。

3）数据融合层

经过数据预处理层统一的数据评估、标准化等处理后，数据融合层可以高效地进行多源异构数据的融合。数据融合层根据融合需求划分为原始数据融合和特征数据融合，根据数据具体的融合需求选择融合方式，再构建该类型数据的融合算法，建立数据融合模型，利用历史数据或实时数据对模型参数进行标定。同时，对数据融合后的结果进行校准和评测。包括对数据融合算法的校准和评测，以及对数据融合模型参数的校准和评测，得到比单一采集系统更可靠、精度更高的融合信息。

4）数据服务层

数据服务层主要负责将数据融合层得到的更加全面、准确、可靠的交通融合信息，应用到查询统计、报表分析、日志管理、系统管理等需求中。

5）数据存储层

融合存储层主要负责存储数据融合层的融合信息以及数据服务层应用交通融合信息的反馈信息，这些数据由融合数据库进行存储。

6.2.5 技术指标

数据融合系统的各项技术指标如下：

1）数据覆盖度

在原有数据源质量基础上，可进一步提升融合数据源的覆盖程度，数据的覆盖程度可提升 5% 以上。时间覆盖率和空间覆盖率提高 5%。

2）数据提取

单数据源提取时间不大于 5s；总体提取时间不大于 10s。

3）数据校验

单数据源校验时间不大于 3s；总体校验时间不大于 5s。

4）数据传送

单数据源传送时间不大于 5s；总体传送时间不大于 10s。

5）系统运行管理

服务查看响应时间小于 1s；周期查询响应时间小于 2s。

6）系统日志管理

查询处理时间小于 10s；要求日志写入延迟小于 100ms。

7）系统展示

响应时间小于3s。

8）更新周期

每2min（可配置）进行一次周期更新。

9）系统可靠性

（1）稳定性：系统运行稳定性须达到98%。

（2）安全性：保证输入、输出数据的安全性，通过防火墙制定严格的访问控制策略，并通过安全认证接口保证数据接口安全性。

（3）可管理性：友好的管理界面，可通过简单配置操作增删数据。

（4）高可用性：提供服务器集群服务和备份机制。

6.2.6　系统截图

数据融合系统运行控制界面、实时融合数据界面、信令数据分析界面、交通数据分析界面、样本量分析界面、路网拥堵时间排行界面、车流量统计界面及浮层界面分别如图6-14～图6-21所示。

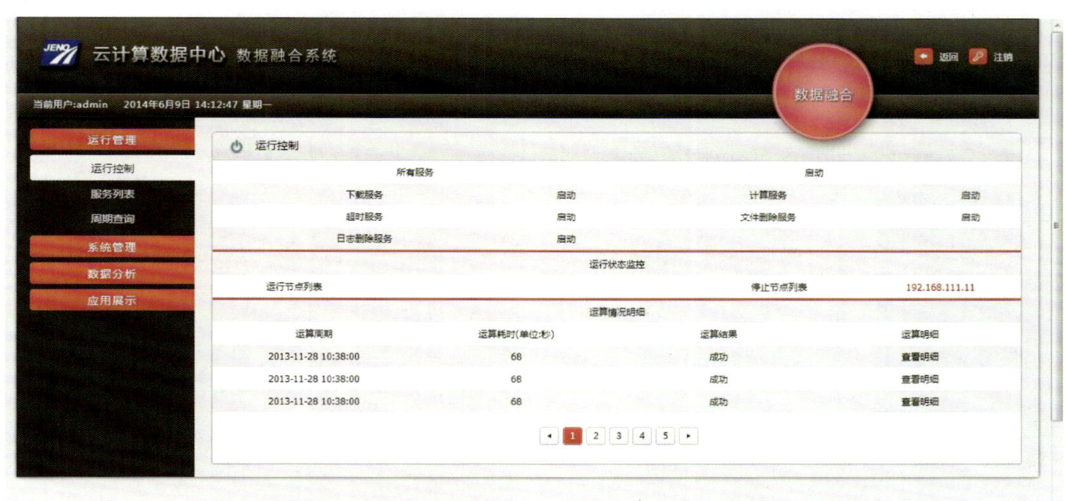

图6-14　数据融合系统运行控制界面

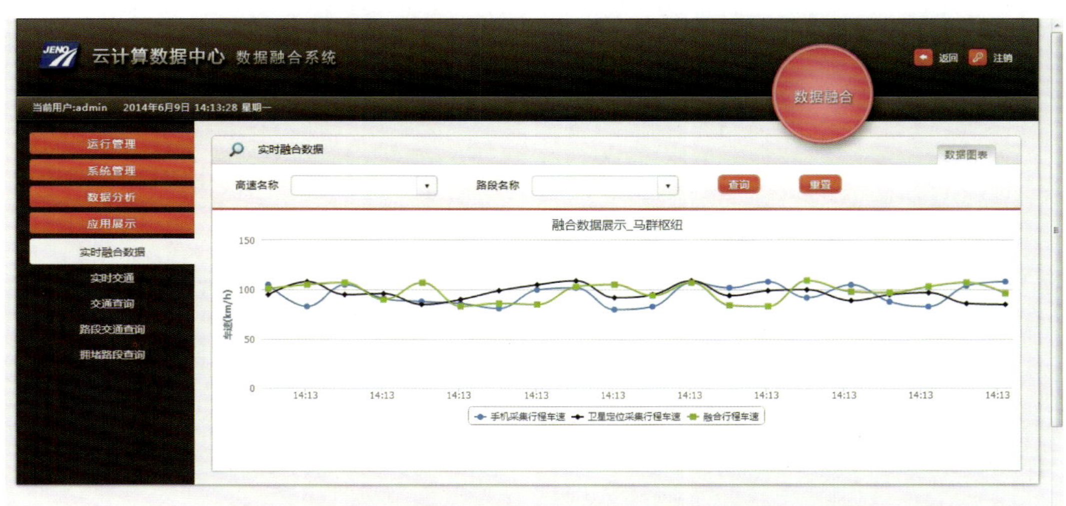

图6-15　数据融合系统实时融合数据界面

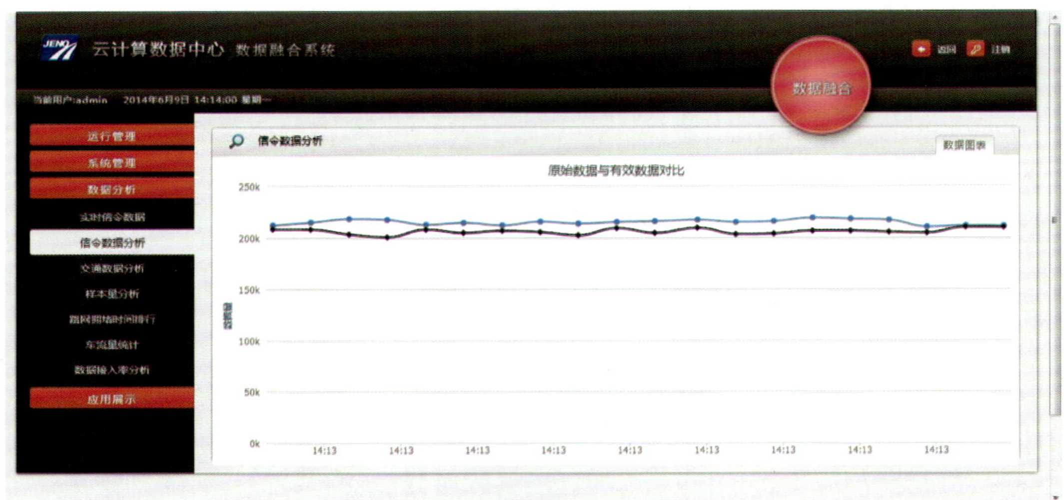

图 6-16　数据融合系统信令数据分析界面

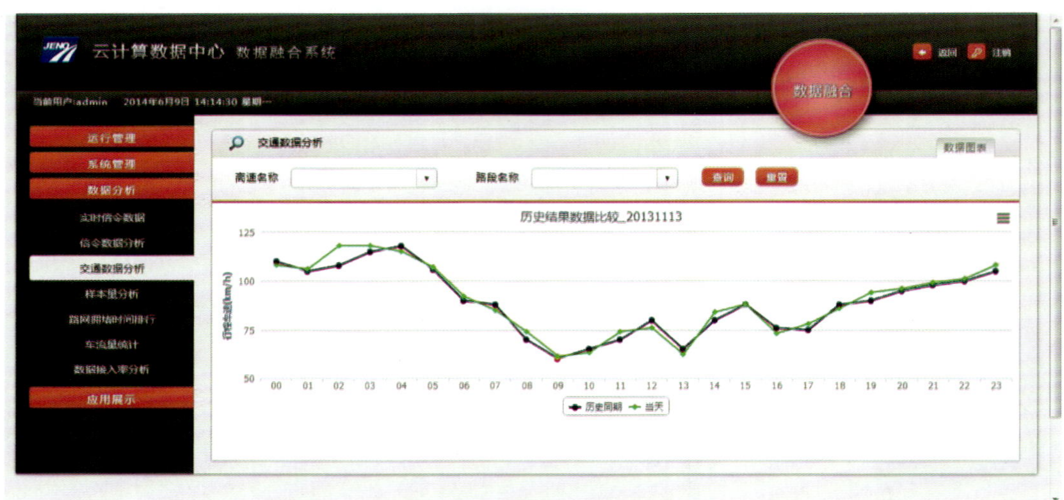

图 6-17　数据融合系统交通数据分析界面

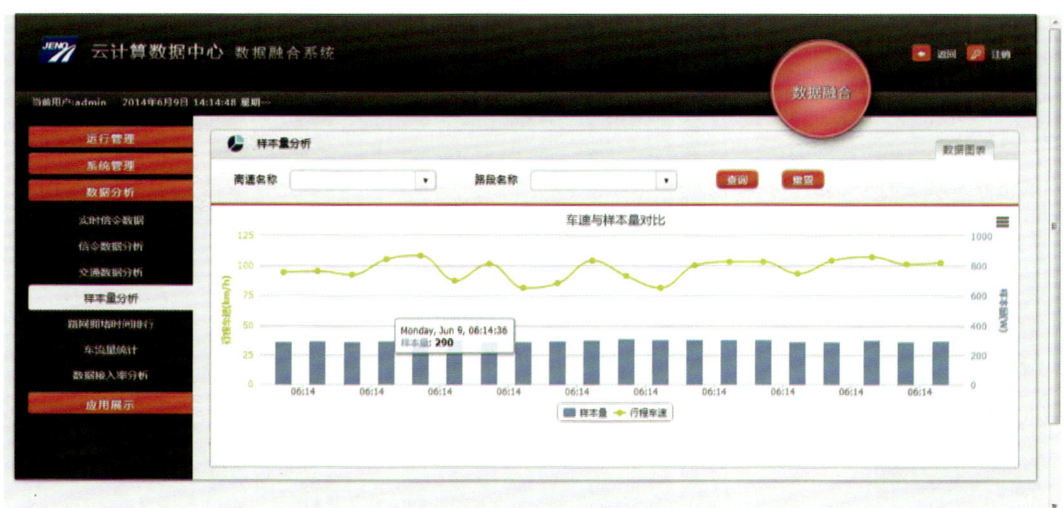

图 6-18　数据融合系统样本量分析界面

图 6-19　数据融合系统路网拥堵时间排行界面

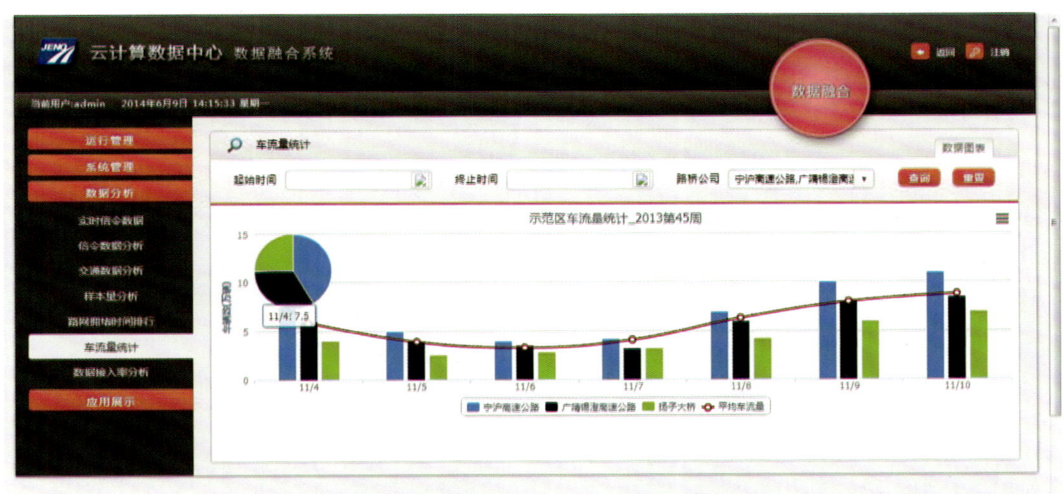

图 6-20　数据融合系统车流量统计界面

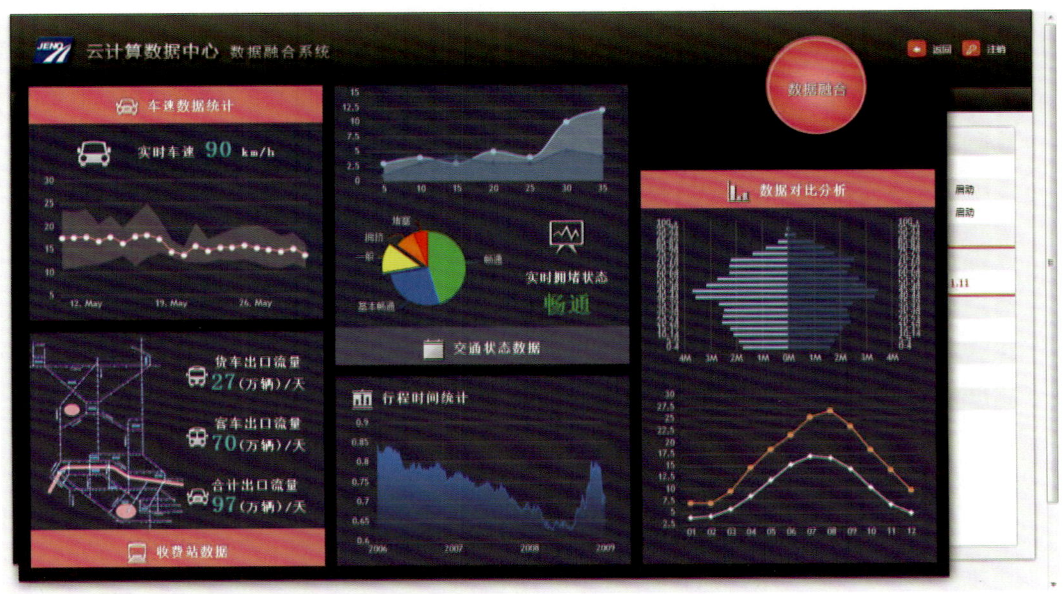

图 6-21　数据融合系统浮层界面

6.3 数据共享

数据共享系统是数据平台实现数据共享的子系统。数据共享系统通过接入层、发布层、管理层等模块，面向外部应用提供数据接口以及应用接口，实现数据库汇聚的所有各类专题数据的对外发布。

6.3.1 业务需求

数据共享系统所发布的数据主要是融合数据、专题数据、反馈数据、历史数据等结果数据。对于路桥公司共享系统来说，数据共享主要为对外部系统以及指挥调度、公众服务等应用系统平台发布数据。

1)数据共享系统传递至调度指挥平台

路桥公司向指挥调度平台传递的基础数据如表6-14所示，主要包括：交通运行状态信息、交通管制信息、交通事件信息、施工养护信息、交通事故信息、气象预警预报信息、清排障车辆信息、应急资源信息、相关单位联系方式等信息。

路桥公司向指挥调度平台传递数据列表 表6-14

数据传输方向	数据项	数据内容	备注
数据中心数据共享系统→指挥调度平台	交通运行状态信息	交调点、数据采集点地理信息	路网、各路段的交调点、检测设备统一标识
		平均车速	
		交通流量	
		道路占有率	
		车辆类型	
	交通管制信息	交通管制时间	
		预计持续时间	
		事件上报时间	
		管制起讫点(包括桩号、所属路段、所属管辖分监控中心)	数据以China 2000坐标、桩号表达
		管制原因	
	交通事件信息	事件发生时间	
		事件起讫点(包括桩号、所属路段、所属管辖分监控中心)	数据以China 2000坐标、桩号表达
		交通事件严重程度	
	施工养护信息	施工单位	与应急指挥系统相统一
		施工时段	
		施工影响	
		施工起讫点、涉及交通管制区域	

续上表

数据传输方向	数 据 项	数 据 内 容	备 注
数据中心数据共享系统→指挥调度平台	交通事故信息	事故发生时间	
		事故起讫点(包括桩号、所属路段、所属管辖分监控中心)	数据以 China 2000 坐标、桩号表达
		事故信息上报时间	
		事故类型	按全省高速公路业务处理有关标准判别
		损失情况	
		事故级别	
	气象预警预报信息	气象监测点地理信息	数据以 China 2000 坐标、桩号表达
		能见度	与气象服务系统相统一
		大气温度	
		相对湿度	
		降水量	
		风速	
		风向	
		气压	
		短时强降水	
		能见度影响	
		雷雨大风	
		极端天气(暴雨、暴雪、寒潮、台风、沙尘暴、高温)	
	清排障车辆信息	车辆类型	
		车辆属性	
		卫星定位数据	
		任务状态	
		采集时间	
	应急资源信息	资源类型	
		资源属性	
		资源位置	
		库存状态	
	相关单位联系方式	各监控分中心、路政、交巡警、医疗、消防联动单位联系方式	

2)数据共享系统传递至公众服务平台

向公众服务平台的基础数据如表 6-15 所示，主要包括：高速公路 GIS 基础信息、交通运行信息、交通事件信息、施工养护信息、交通事故信息、交通管制信息、气象信息等信息。

向公众服务平台传递数据列表 表 6-15

数据传输方向	数据项	数据内容	备注
数据中心发布系统→公众服务平台	高速公路 GIS 基础信息	路段基本信息	
		桥梁基本信息	
		隧道基本信息	
		收费站基本信息	
		服务区节点信息	
		出入口节点信息	
		苏通卡服务信息	服务网点、车道分布、自助服务、优惠活动
	交通运行信息	路段位置信息	路段编码
		平均车速	
		交通流量	
		车辆类型	
	交通事件信息	事件类型	包括高速公路抛撒物、停车、超速、超重、危险品等
		事件发生时间	
		发现事件时间	
		事件结束时间	
		事件起讫地点	包括桩号、所属路段、所属管辖分监控中心
	施工养护信息	施工养护单位	
		施工养护开始时间	
		施工养护持续时间	
		施工养护影响	
		施工养护起讫地点	
	交通事故信息	事故发生时间	
		发现事故时间	
		事故结束时间	
		事故起讫地点	包括桩号、所属路段、所属管辖分监控中心
		事故类型	按全省高速公路业务处理有关标准判别
		事故级别	
		事故影响	因事故造成的人员伤亡、财产损失、道路基础设施损坏、交通运行影响
	交通管制信息	起止时间	
		位置	路段编码
		影响车道数	
		预计处理时间	
		建议绕行路线	
	气象信息	实时气象信息	
		气象预警信息	

6.3.2 功能目标

数据共享系统的功能目标是将各类数据向外部系统以及应用平台终端进行发布。所发布的数据包括数据库中存储的各类专题数据及其他需要的基础数据，以及经过数据融合系统、交通状态实时预测系统、交通状态指数分析系统处理后的融合数据、交通状态数据以及交通指数分析等数据。此外，数据共享系统可实现不同类型数据的分流和输出，为一键转发多方发送提供应用支撑，以实现数据中心与现有系统的对接，并为未来的其他需求提供数据共享的接口。

6.3.3 功能介绍

数据共享系统的各功能描述如下：

(1)数据接口。该模块用于对通过鉴权的标准数据库和应用数据库的实时交通状态数据、交通指数分析等数据进行对外提供。

(2)应用接口。该模块用于对通过鉴权的应用数据 XML 文件，图形数据文件，视频录像数据文件或视频截图数据文件等进行对外提供。

6.3.4 系统架构

为实现数据共享系统的功能目标，需要从路桥公司实际需求出发，研究各项功能之间的逻辑关系，进而构建出路桥公司智慧高速公路发布系统的功能架构，如图 6-22 所示。

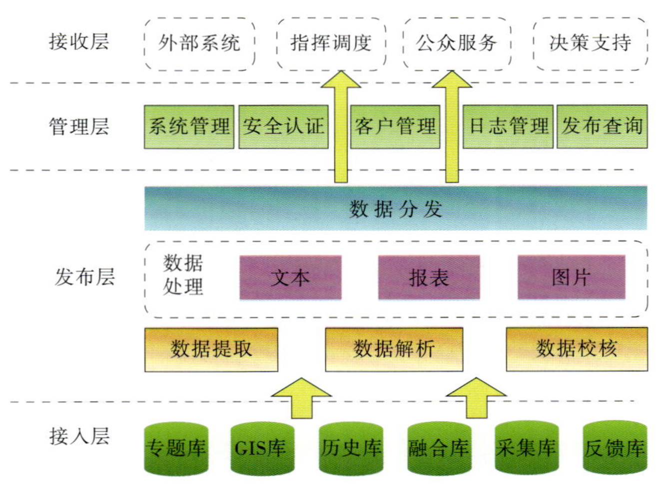

图 6-22 发布系统架构图

发布系统的架构分为：接入层、发布层、管理层和接收层。其中，发布层数据交互的主要功能区域，包括数据分发、数据处理、数据提取、数据解析和数据校核等功能模块。

1)接入层

接入层是(路桥公司)发布系统的数据来源。主要来源于专题库、GIS 库、历史库、融合库、采集库、反馈库等数据库。

2)发布层

发布层作为发布系统的核心功能区域主要用于数据对外的分发。发布层主要包括数据提取、数据解析、数据校核、数据处理、数据分发等功能模块。其中数据处理模块可以将数据处理加工成文本、报表、图片的形式进行分发。

3)管理层

发布系统管理层是数据共享系统的核心组成部分，为其他各子系统提供功能支持，该子系统由系统管理、安全认证、客户管理、日志管理、发布查询等模块组成。

4)接收层

发布系统的接收层主要面对服务对象，分别为外部系统、指挥调度平台、公众服务平台。其中外部系统包括省控股、省联网等，指挥调度包括指挥大屏、移动终端等，公众服务包括服务区等。

6.3.5 技术指标

数据共享系统的设计与开发技术要求如下：

1)基本功能

具备数据共享功能，满足对所有的标准化数据的发布，并能按照国际或国家通用协议标准进行转化。

2)技术规范

网络通信符合国家运输 ITS 通信协议(NTCIP 协议)以及 LDM^3 体系框架，充分满足现代智能交通系统的要求。

3)技术要求

(1)数据共享接口。

传输响应时间小于 3s；数据处理时间小于 10s；最大用户并发数不小于 100。

(2)发布时效。

图片信息发布时间不大于 10s，文字信息发布时间不大于 1s；支撑高峰并发量大于 1000 次/s。

(3)系统运行管理。

服务查看响应时间小于 1s；周期查询响应时间小于 2s。

(4)系统日志管理。

查询处理时间小于 10s；要求日志写入延迟小于 100ms。

(5)系统展示。

响应时间小于 3s。

(6)系统可靠性。

①稳定性：系统运行稳定性须达到 98%。

②安全性：保证输入、输出数据的安全性，通过防火墙制定严格的访问控制策略，并通过安全认证接口保证数据接口安全性。

③可管理性：友好的管理界面，可通过简单配置操作增删数据。

④高可用性：提供服务器集群服务和备份机制。

6.3.6 系统截图

数据共享系统的客户管理界面、客户访问汇总界面、客户服务汇总界面、客户访问明细界面及浮层界面分别如图 6-23 ~ 图 6-27 所示。

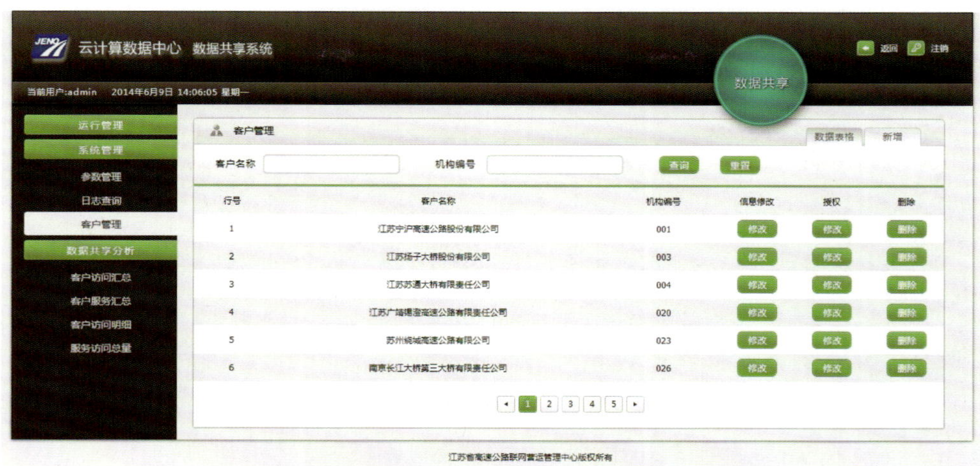

图 6-23 数据共享系统客户管理界面

图 6-24 数据共享系统客户访问汇总界面

图 6-25 数据共享系统客户服务汇总界面

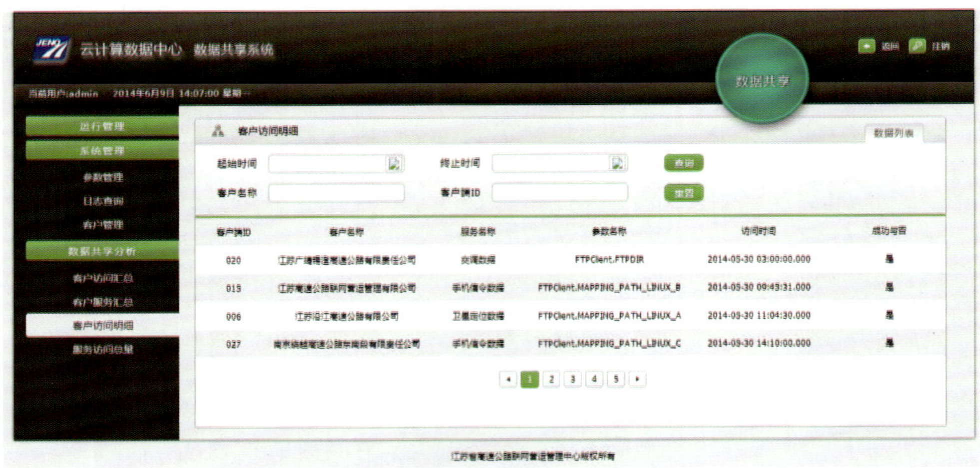

图 6-26　数据共享系统客户访问明细界面

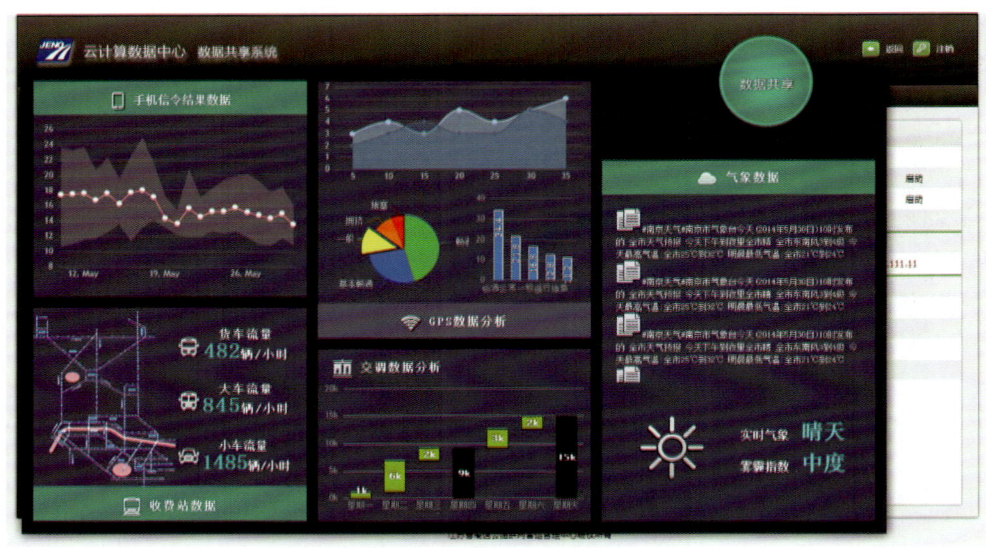

图 6-27　数据共享系统浮层界面

6.4　实 时 预 测

交通状态实时预测系统即高速公路状态实时分析与预测系统，是数据处理平台利用实时和历史数据，结合交通状态实时预测模型，对交通状态进行估计预测的子系统。该系统利用状态分析模型，将观测值与交通流理论结合并应用到系统中，对当前时间段交通状态进行估计；利用交通状态预测模型，将迁移时刻的估计值与交通流理论结合并应用到系统中，对短期或中期的将来的交通状态进行预测。

6.4.1　业务需求

交通状态实时预测系统将各个数据库中的数据，经过分析预测系统的处理后，生成估计与预测结果数据，并发送至各个应用终端。对于路桥公司交通状态实时预测系统来说，估计与预测结果主要分为对内和对外两个方向。对外主要是与省控股、省联网中心等外部系统以及公众服务等应用系统进行对接；对内则主要是将处理后的数据传送至指挥调度、公众服务等应用系统。交通状态实时预测系统业务流程如图 6-28 所示。

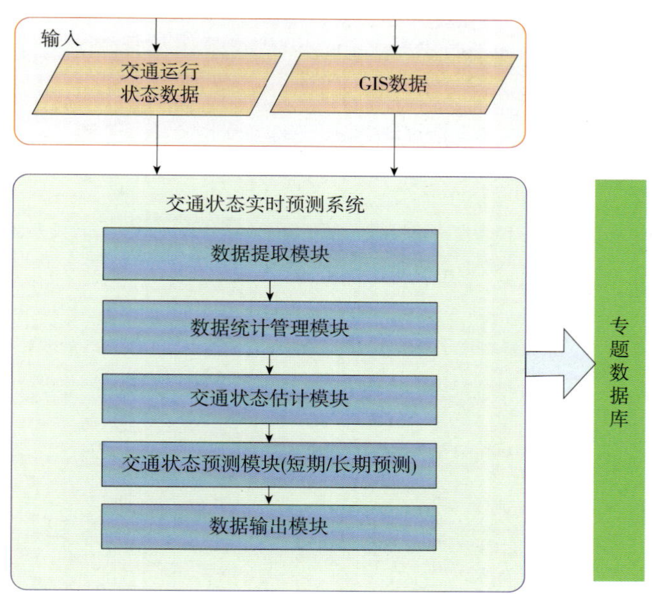

图 6-28　交通状态实时预测系统业务流程图

6.4.2　功能目标

交通状态实时预测系统的功能是：利用数据中心实时与历史的交通运行数据，对实时状态进行估计，构建高速公路交通状态预测模型，对短期、中期的或将来的交通状态进行预测。利用交通状态实时预测系统可以为指挥调度应用系统提供的结果主要包括实时交通状态数据以及短期或中期的将来的交通状态预测等。

6.4.3　功能介绍

交通状态实时预测系统依托数据中心实时与历史的交通运行数据，构建高速公路交通状态估计模型，实现对高速公路实时交通状态的估计，如平均车速、交通流量等；在实时状态估计值基础上，构建高速公路交通状态预测模型，对短期或中期交通状态进行预测。

交通状态实时预测系统功能模块如下：

1）数据预处理子系统

数据预处理子系统包括数据接收、数据去噪、数据汇总筛选及合并三项功能，子系统的具体功能如表 6-16 所示。

2）数据统计管理子系统

数据统计管理子系统用于对预处理过的数据进行相关统计管理，为后续的状态估计、预测提供支撑。

3）状态评估子系统

状态评估子系统用于完成对预处理后的交通状态数据进行评估分析，以判断接入交通状态数据的质量情况，为后续交通状态估计提供数据支撑。

4）状态估计子系统

状态估计子系统用于对当前道路交通状态的估计，对状态评估后质量满足要求的数据用状态估计算法进行处理，生成统一表达的实时道路交通状态数据。状态估计子系统包括数据匹配、状态数据计算、状态评价、集群四项具体功能，子系统的具体功能如表 6-17 所示。

数据预处理子系统功能要求 表 6-16

功能编号	功 能 名	功 能 描 述
F1	数据接收	该模块用于从源数据进行接收，要求实现如下功能： 1. 接收模块应支持对数据仓库的数据进行获取，当主节点出现异常时，可以自动切换到备用主机获取数据； 2. 接收模块同时应支持自身的高可用性，当某个接收模块出现故障时，可以自动启动另一个接收进程进行数据获取
F2	数据去噪	该模块用于对数据进行过滤、去噪，要求实现如下功能： 1. 对数据进行分解； 2. 对分解后的高频系数进行阈值量化； 3. 重构数据内容
F3	数据汇总筛选及合并	该模块用于对数据的汇总，筛选出符合系统需要的数据进行合并。要求实现如下功能： 1. 汇总节点支持高可用性集群，当某一汇总节点出现故障时，另一个汇总节点能自动接管工作； 2. 汇总节点要求具备对数据计算模块进行协调的能力，当某个数据计算模块出现异常时，自动剔除该节点； 3. 数据汇总节点应根据各计算节点的时钟进行同步； 4. 数据汇总节点要在 90s 内完成任务

状态估计子系统功能要求 表 6-17

功能编号	功 能 名	功 能 描 述
F1	数据匹配	将评估后的状态数据根据统一的时间与空间规格要求进行匹配，要求实现如下功能： 1. 不同时间的数据匹配； 2. 不同空间的数据匹配； 3. 不同指标对象的数据匹配
F2	状态数据计算	对统一规格的状态数据根据后续估计算法要求进行处理计算。要求实现如下功能： 1. 构建状态计算模型； 2. 计算模型稳定性和有效性验证； 3. 计算状态数据
F3	状态评价	根据特定的状态评价算法对当前实时交通状态数据进行评价处理。要求实现如下功能： 1. 建立状态评价标准和模型，支持状态评价功能； 2. 评估有效性和正确性达 95% 以上
F4	集群	将子系统服务器集中起来进行并行计算及互相备份。要求实现如下功能： 1. 支持程序包的动态部署； 2. 支持主机的动态增加和减少； 3. 支持动态的集群参数配置； 4. 支持集群的定时器管理

5）状态预测子系统

状态预测子系统用于基于当前道路交通估计状态、历史交通状态、气象信息等其他数据，根据特定状态预测算法，对高速公路短期及中期交通状态进行预测处理，生成短期及中期交通预测状态结果。状态预测子系统包括数据匹配、状态数据计算、状态预测三项功能，子系统的具体功能如表 6-18 所示。

状态预测子系统功能要求 表 6-18

功能编号	功 能 名	功 能 描 述
F1	数据匹配	将评估后的状态数据根据统一的时间与空间规格要求进行匹配，要求实现如下功能： 1. 不同时间的数据匹配； 2. 不同空间的数据匹配； 3. 不同指标对象的数据匹配
F2	状态数据计算	对统一规格的状态数据根据后续估计算法要求进行处理计算。要求实现如下功能： 1. 构建状态计算模型； 2. 进行计算模型稳定性和有效性验证； 3. 计算状态数据
F3	状态预测	根据特定的状态预测算法对未来短期交通状态进行预测处理。要求实现如下功能： 1. 建立状态评价标准和模型，支持状态评价功能； 2. 评估有效性和正确性达 95% 以上

6）状态输出子系统

状态输出子系统用于将处理生成的估计与预测交通状态数据经过格式转换、数据规格统一等处理后根据所要求的格式输出。状态输出子系统包括格式转换、数据规格统一、数据输出三项功能，子系统的具体功能如表 6-19 所示。

状态输出子系统功能要求 表 6-19

功能编号	功 能 名	功 能 描 述
F1	格式转换	将状态估计与预测的路段状态根据后续发布要求进行合并于转换。要求实现如下功能： 1. 对格式进行标准定义； 2. 将其他格式转换为标准格式
F2	数据规格统一	将转换后道路状态根据后续输出要求进行数据格式规格统一处理
F3	数据输出	将处理后的估计与预测道路状态数据输出。要求实现如下功能： 1. 数据输出格式标准化； 2. 输出数据输出模块

7）系统管理子系统

交通状态实时预测系统管理子系统是交通状态实时预测系统的核心组成部分，为其他各子系统提供功能支持，该子系统包括运行状态查询、进程管理、系统展示界面三项功能，子系统的具体功能如表 6-20 所示。

交通状态实时预测系统管理模块子系统功能要求　　表 6-20

功能编号	功 能 名	功 能 描 述
F1	运行状态查询	对各子系统的模块当前与历史运行状态进行查询。要求实现如下功能： 1. 对当前运行状态的查询； 2. 对历史运行状态的查询
F2	进程管理	对各子系统当前所运行的各进程进行管理。要求实现如下功能： 对各子系统当前所运行的各进程进行管理
F3	系统展示界面	要求实现如下功能： 通过可视化展示界面使操作人员对系统进行管理与查询

8）参数配置子系统

交通状态实时预测参数配置子系统用于将系统内核提供外部接口，以便显示数据结构，这些数据结构对于决定诸如使用的中断、初始化的设备和内存统计信息之类的系统参数进行控制。这个接口要作为一个独立但虚拟的文件系统提供。参数配置子系统包括配置库、版本控制、变更控制三项功能，子系统的具体功能如表 6-21 所示。

高速公路交通状态实时预测参数配置子系统要求表　　表 6-21

功能编号	功 能 名	功 能 描 述
F1	配置库	该模块要求实现如下功能： 1. 配置管理创建并维护配置库； 2. 控制执行系统的增加或减少； 3. 获得组成部件的状态和辨别其位置的一系列管理
F2	版本控制	对系统的升级版本进行控制。要求实现以下功能： 1. 使用中断的控制； 2. 初始化设备的控制； 3. 内存统计信息的控制
F3	变更控制	变更控制的目的不是控制变更的发生，而是对变更进行管理，确保变更有序进行。要求实现以下功能： 1. 来自外部的变更要求控制； 2. 开发过程内部变更要求控制

9）查询统计子系统

交通状态实时预测查询统计子系统是该系统核心部分，包括数据订阅管理模块、数据查询统计引擎等功能模块。

10）日志管理子系统

交通状态实时预测日志管理子系统用于记录系统中硬件、软件和系统故障的信息，同时监视系统中发生的事件。用户可以通过它来检查错误发生的原因，或者寻找受到攻击时攻击者留下的痕迹，可以对系统软件运行的日志记录进行查询、导出。日志管理子系统包括操作日志查询、系统运行日志管理两项功能，子系统具体功能如表 6-22 所示。

高速公路交通状态实时预测日志管理子系统功能要求表 表 6-22

功能编号	功 能 名	功 能 描 述
F1	操作日志查询	系统日志用于记录系统中硬件、软件和系统故障的信息，同时还可以监视系统中发生的事件。要求实现如下功能： 1. 对硬件运行情况的查询； 2. 对软件运行情况的查询； 3. 系统运行情况查询
F2	系统运行日志管理	对日志管理模块进行管理和控制。要求实现如下功能： 1. 日志管理模块运行情况的监视； 2. 日志管理模块的运行管理； 3. 日志管理模块的调整控制

6.4.4 系统架构

为实现交通状态实时预测系统的功能目标，从实际需求出发，研究各项功能之间的逻辑关系，进而构建数据预测系统的功能架构。

交通状态实时预测系统架构分为：接入层、数据层、核心分析预测层、管理层、展示层和发布层。其中，核心分析预测层是数据分析预测的主要功能区域，包括交通状态指数分析预测、道路占有率分析预测、平均车速分析预测等功能模块。交通状态实时预测架构如图 6-29 所示。

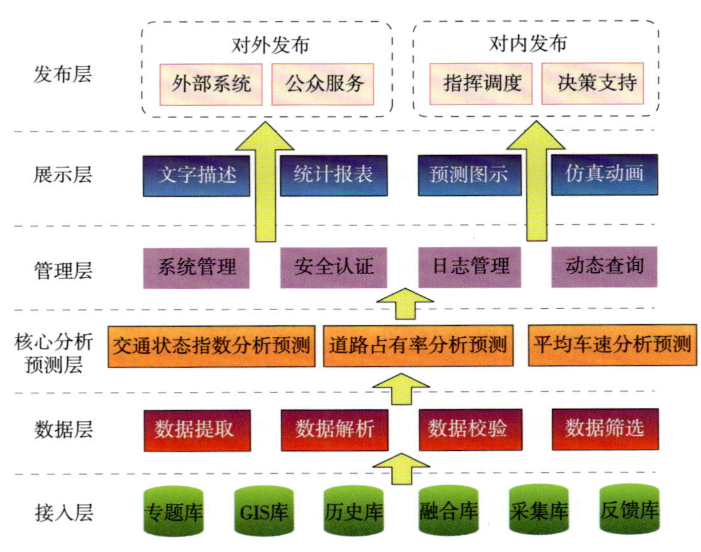

图 6-29 交通状态实时预测系统架构图

1) 接入层

接入层的功用是为交通状态实时预测系统提供所需要的数据，主要是从各个数据库中抓取系统所需数据，并将此数据送入数据层进行初步处理。

2) 数据层

数据层的功用是将从各个数据库提取的数据进行提取、解析、校验和筛选等预处理，形成符合系统要求的数据。

3）核心分析预测层

核心分析预测层是数据预测的主要功能区域，包括交通状态指数分析预测、道路占有率分析预测、平均车速分析预测等三个功能模块。

（1）交通状态指数分析预测。

该模块利用预处理后的交通数据，结合各种因素对指数的走势影响，对不同空间范围维度和不同指标对象构建统计分析模型算法，处理生成交通指数结果，评估状态指数的当前态势与发展趋势，以获得短期或中期交通指数发展趋势。

（2）道路占有率分析预测。

该模块将预处理后的历史和实时交通数据根据道路占有率模型所需的参数类型进行筛选，带入占有率分析预测模型中，得出占有率估计结果及短期或中期发展趋势。

（3）平均车速分析预测。

该模块利用预处理后的历史和实时的交通数据，结合车速分析预测的交通模型，对实时的平均车速进行估计，并对未来短期或中期内车速的变化趋势进行分析预测。

4）管理层

管理层包括系统管理、安全认证、日志管理和动态查询四个模块，主要功用是对当前所运行的各进程进行管理，通过可视化展示界面使操作人员对系统进行管理与查询，记录系统中硬件、软件和系统故障信息，同时监视系统中发生的事件。用户可以通过它来检查错误发生的原因，或者寻找受到攻击时攻击者留下的痕迹，可以对系统软件运行的日志记录进行查询、导出。同时可通过动态查询模块实现当前与历史运行状态查询的功能。

5）展示层

展示层的功用是将经过格式转换、数据规格统一等处理后根据所要求的格式输出。展示层主要分为文字描述、统计报表、预测图示以及仿真动画四种表现方式。

6）发布层

发布层的功用是将预测系统处理后的结果进行对外或者对内发布。对外发布主要是将信息发送给公司外部的系统，如省控股、省联网等外部系统和公众服务应用系统，对内发布则主要是针对公司内部的指挥调度等系统的应用发布的信息。

6.4.5 技术指标

交通状态实时预测系统应达到的指标如下：

1）基本功能

（1）具备交通状态估计功能：结合道路交通特性，建立交通状态估计模型，实现对交通状态的准确描述和及时反应。

（2）具备交通运行数据预测功能：对交通状态相关结果，根据交通状态预测模型，处理生成交通状态预测结果，并保持在相应的数据库中。

（3）具备交通事件持续时间预测功能：对于交通事件，根据交通事件持续时间预测模型，处理生成交通时间持续时间预测结果，并保持在相应的数据库中。

2）技术要求

（1）可扩展性：应具备良好的可扩展性，能够非常方便的扩展处理的范围。

（2）系统可靠性达99%。

6.4.6 系统截图

交通状态实时预测系统流量走势界面及浮层界面如图6-30～图6-31所示。

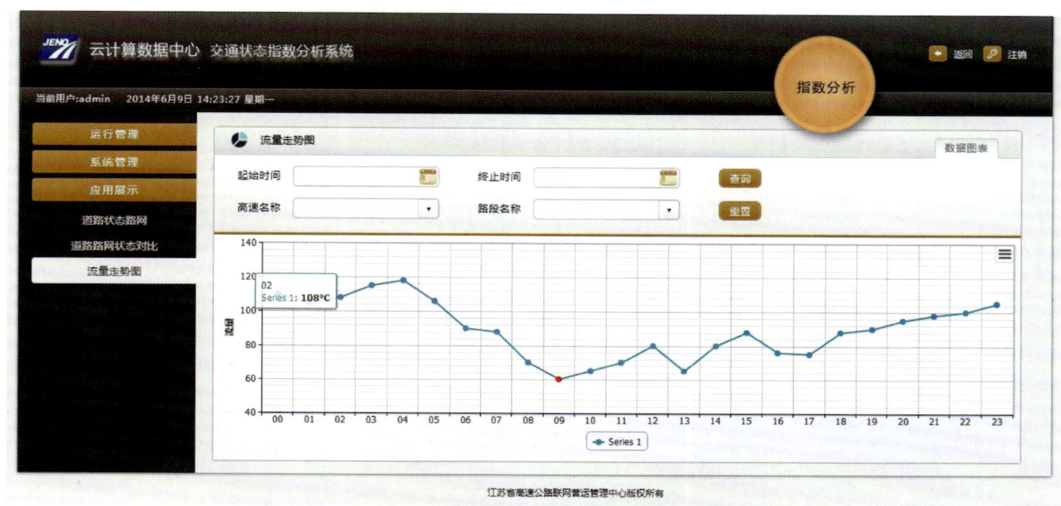

图 6-30　交通状态实时预测系统流量走势图

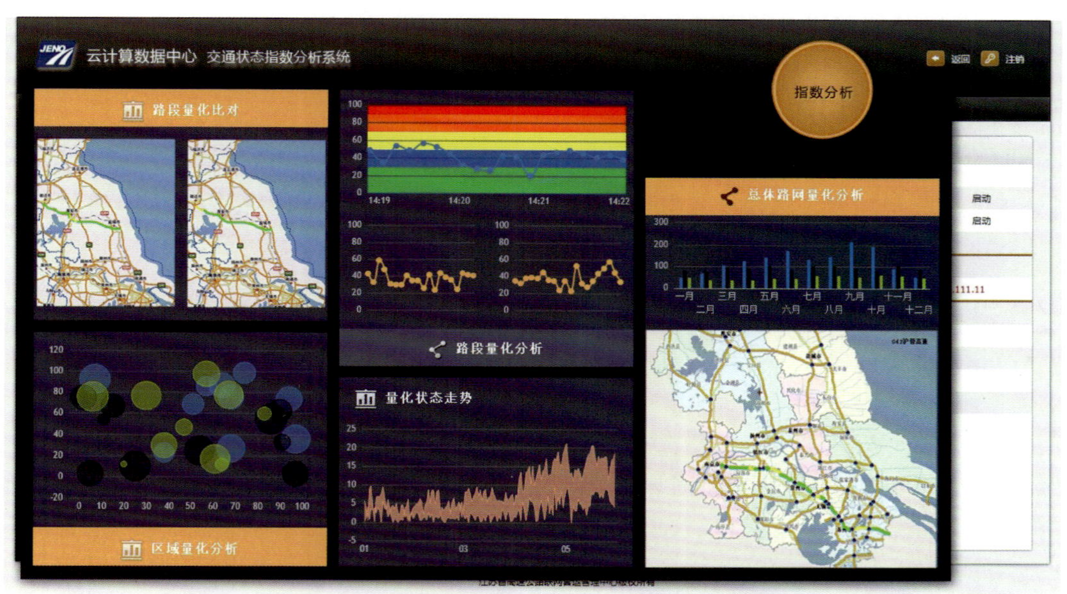

图 6-31　交通状态实时预测系统交通状态指数分析系统浮层

6.5 指 数 分 析

随着各个路桥公司采集的交通数据量的急剧增加，计算成本的大幅降低以及大数据分析技术的成熟，设计并实现一个交通状态指数分析系统来辅助各路桥公司的交通管理与控制决策已经成为可能，也变得愈发必要。

6.5.1　业务需求

交通状态指数分析系统将路段长度、车道数等静态交通数据和路段车速、流量等动态交通数据进行处理分析，实现对交通事件的识别，再结合人工确认的手段，根据事件严重程度分级输出异常事件报警信息。相关部门根据报警信息启用相应的应急管理措施。交通状态指数分析系统业务流程如图 6-32所示。

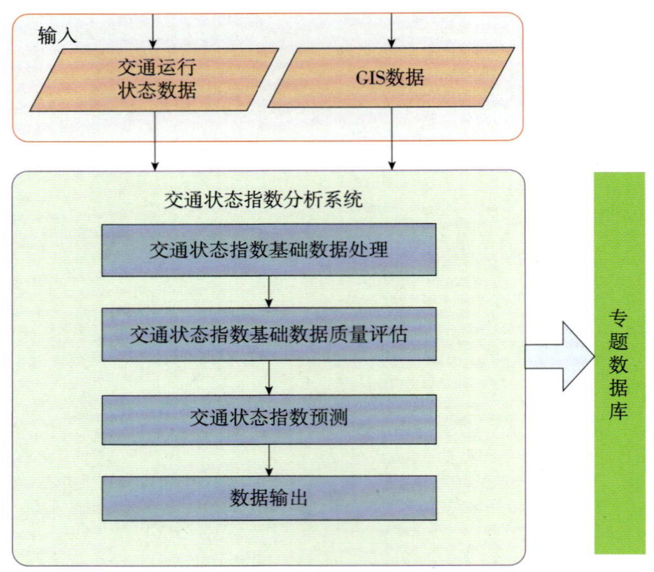

图 6-32　交通状态指数分析系统业务流程图

6.5.2　功能目标

交通状态指数分析系统依托数据中心的实时与历史交通数据，通过交通事件分析模型对各种基础数据进行处理，以获得高速公路的交通事件的实时判别和与事件严重程度相适应的报警信息，为相关部门的救援调度方案提供指导。

6.5.3　功能介绍

交通状态指数分析系统应满足以下几个功能要求：

1) 交通事件分析子系统

高速公路交通事件分析子系统主要包括交通事件识别模块和交通拥挤预测模块。依托平台的静态和动态基础数据，交通事件识别模型通过对异常交通现象类型的判断和交通管理中心人员的确认实现对交通事件的检测和类型识别。在交通事件被识别后，交通拥挤预测模块进一步过滤和分析原始的事件信息以及事件地点的环境信息、交通信息等，完成对事件严重程度、导致原因等因素判别，从而实现对事件可能造成的拥挤和拥挤扩散程度的预测，为下一步的预警决策提供基本依据。交通事件分析子系统包括交通事件识别模块、交通拥挤预测模块、集群模块三项具体功能，子系统的具体功能如表 6-23 所示。

高速公路交通事件分析子系统功能要求表　　　表 6-23

功能编号	功　能　名	功　能　描　述
F1	交通事件识别模块	基于基础交通数据对交通事件进行识别，要求实现如下功能： 1. 构建异常交通流现象的判断模型，实现异常交通流现象的识别； 2. 异常交通流现象结合人工确认实现交通事件的检测识别，并确定交通事件是否异常
F2	交通拥挤预测模块	对交通事件相关信息进一步过滤和分析，要求实现如下功能： 1. 对交通事件严重程度、导致原因进行判别； 2. 对事件可能造成的拥挤点，拥挤程度和拥挤扩散程度进行预测
F3	集群模块	将子系统服务器集中起来进行并行计算及互相备份。要求实现如下功能： 1. 支持程序包的动态部署功能； 2. 支持主机的动态增加和减少； 3. 支持动态的集群参数配置； 4. 支持集群的定时器管理

2）交通状态指数分析子系统

交通状态指数分析子系统的功用是利用数据中心的实时和历史数据，处理和评估用于构建交通状态指数模型体系的各种基础数据，研究构建相关处理评估模型以及路网交通状态指数预测。交通状态指数分析子系统包括交通状态指数基础数据处理、交通状态指数基础数据质量评估、交通状态指数预测三项功能，子系统的具体功能如表6-24所示。

高速公路交通状态指数分析子系统　　表6-24

功能编号	功能名	功能描述
F1	交通状态指数基础数据处理模块	满足指数模型的需求以及应用需求的数据输出方式等。基础数据包括静态和动态数据两种，静态数据如路段长度、车道数等，动态数据如路段车速、流量等
F2	交通状态指数基础数据质量评估模块	针对构建高速公路网络交通状态指数模型的基础数据，从数据质量角度进行评估分析，检验数据的时空覆盖范围以及有效性和可靠度
F3	交通状态指数预测模块	利用路网云计算数据中心的交通数据，结合各种因素对指数的走势影响，对不同空间范围维度和不同指标对象构建统计分析模型算法，评估状态指数的当前态势与发展趋势，获得短期交通指数发展趋势

3）参数配置子系统

参数配置子系统的功用是提供外部接口，用来显示数据结构，这些数据结构对于决定诸如使用的中断、初始化的设备和内存统计信息等系统参数进行控制。这个接口要求作为一个独立但虚拟的文件系统提供。参数配置子系统包括配置库、版本控制、变更控制三项具体功能，子系统的具体功能如表6-25所示。

高速公路交通状态指数分析参数配置子系统要求表　　表6-25

功能编号	功能名	功能描述
F1	配置库	该模块要求实现如下功能： 1. 配置管理创建并维护配置库； 2. 控制执行系统的增加或减少； 3. 获得组成部件的状态和辨别其位置的一系列管理
F2	版本控制	对系统的升级版本进行控制。要求实现以下功能： 1. 使用中断的控制； 2. 初始化设备的控制； 3. 内存统计信息的控制
F3	变更控制	变更控制的目的不是控制变更的发生，而是对变更进行管理，确保变更有序进行。要求实现以下功能： 1. 来自外部的变更要求控制； 2. 开发过程内部变更要求控制

4）状态输出子系统

状态输出子系统要求对交通事件分析结果在GIST平台上进行展示，对预警结果进行输出。

5）系统管理子系统

系统管理子系统是交通状态指数分析系统的核心组成部分，用于为其他各子系统提供功能支持。

1)基本功能

具备交通事件统计分析功能。结合道路交通特性，根据交通状态运行数据，实现对交通事件的检测与分析。

2)技术要求

(1)数据处理性能要求：提取交通运行状态数据和其他的基础数据进行处理，得到交通事件统计分析结果数据，数据处理周期取 2 ~ 5min，按照具体应用确定；

(2)输出内容要求：时间、有向路段编号、路段交通状态(畅通、拥挤、堵塞)；

(3)系统可靠性达 99%。

6.5.6 系统截图

交通状态指数分析系统的运行控制界面、指数拥堵查询界面及浮层界面分别如图 6-34 ~ 图 6-36 所示。

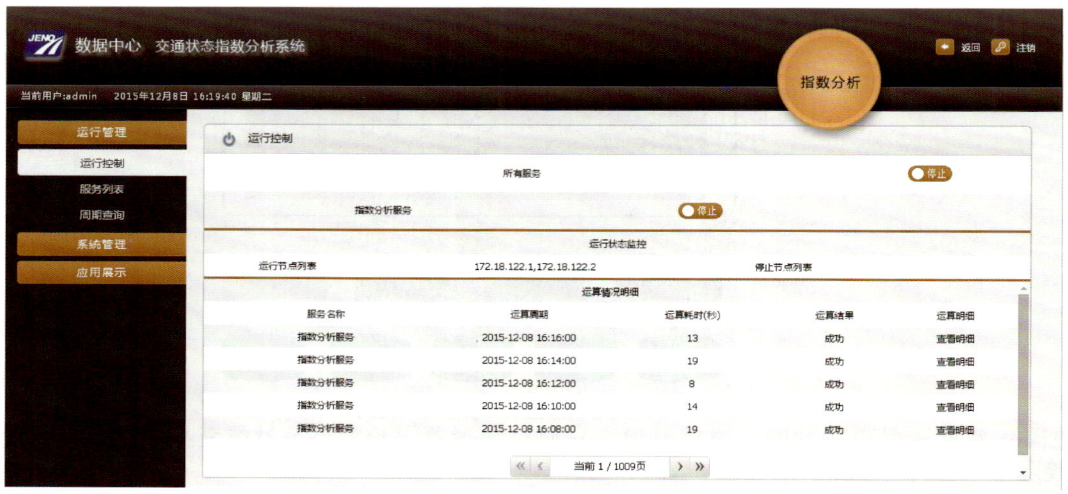

图 6-34　交通状态指数分析预测系统运行控制界面图

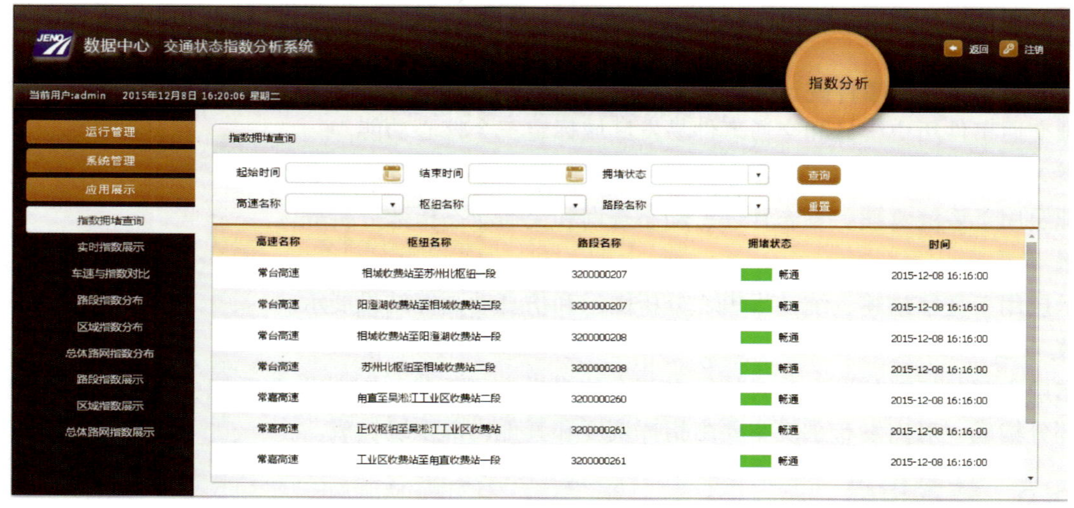

图 6-35　交通状态指数分析预测系统指数拥堵查询界面图

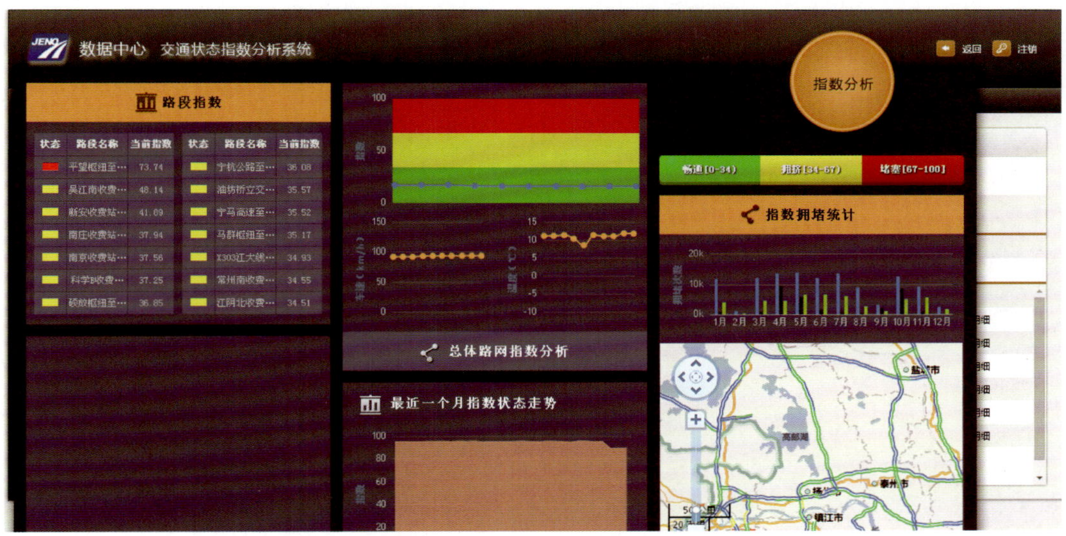

图 6-36 交通状态指数分析预测系统浮层界面图

7 基础地理信息平台

交通地理信息(GIS-T)可视化与分析系统是在基础地理信息平台基础上，对高速公路各路段、各种设施的各类专题信息进行位置标定和可视化表达。

7.1 业务需求

基础地理信息平台业务流程如图 7-1 所示。

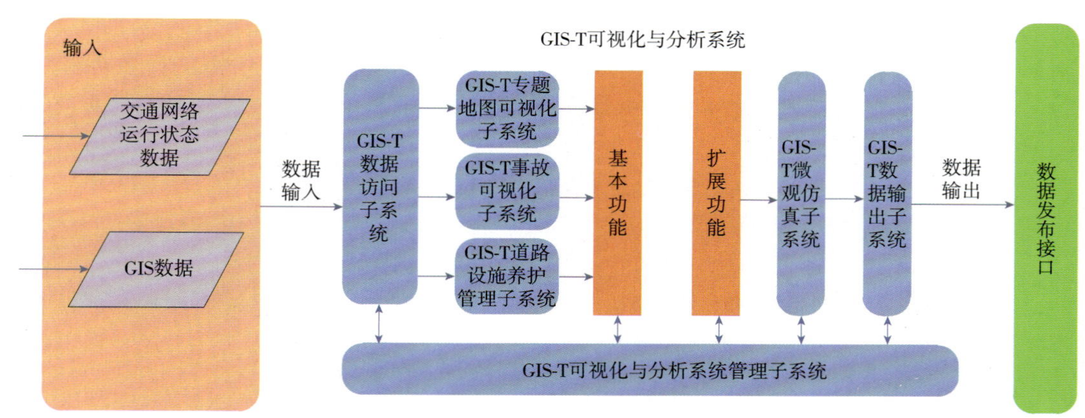

图 7-1 基础地理信息平台业务流程

借助交通流理论、动态交通分配理论、驾驶员驾驶行为模型等交通工程相关理论模型，对输入的交通网络运行状态数据及 GIS 基础数据进行分析与处理，并实现基于 GIS 的专题地图、交通事故、道路设施养护管理等信息的可视化，通过基于 GIS 的微观仿真，实现对道路交通运行状态进行模拟、对交通特征进行快速预测分析、对交通事件(事故)影响范围的快速界定，从而为高速公路管理者与使用者更好的判断交通事件(事故)对道路交通的影响，为合理选择出行路径服务。

7.2 功能目标

基础地理信息平台可视化与分析系统对道路和基础设施的运行状态和交通特征进行分析与可视化表达，提供多时段的、多尺度、多专题的地图服务，在实现常规 GIS 系统的基本功能的基础上，主要还能够对高速公路各路段(关键道路节点)、在不同道路条件(常规状态、应急状态)下的交通运行状态、交通特征、道路资源优化配置、交通事件空间统计分析、应急资源智能调度等方面，进行实时可视化、预测、分析、评价和仿真。

基础地理信息平台可视化与分析系统重点表达和分析实时高速公路各路段的动态数据，建立实时交通模型，预测出各路段交通运行状态、分析评价出交通事件对道路交通的影响(影响范围、影响程度、持续时间等)；在此基础上，确定出路径实时优化选择方案，并通过系统对道路微观运行特征的动态仿真，来直观验证路径优化方案的实施效果。具体目标包括：

(1)实现对地图的浏览、查询、检索、分析、图层控制、可视化编辑等基本操作。

(2)展示包括路段的拥堵情况、道路施工情况、交通事件(事故)情况、道路养护情况等在内的交通运行状态动态信息。

(3)提供位置与路径选择服务功能，实现交通资源配置与驾驶路径实时优化选择。

(4)在特殊条件下(交通拥堵、交通事故、道路管制等)，实现交通事件空间统计分析及智能调度、交通事件发生时的驾驶路径实时调度、交通资源的有效整合等辅助决策智能化功能。

(5)实现交通运行微观仿真验证功能。通过对交通运行状态的实时预测，结合道路实时交通运行特征，实现对道路微观运行特征的仿真与验证。

7.3 功能介绍

基础地理信息平台可视化与分析系统应满足以下几个功能要求，具体如下：

1)基础地理信息平台数据访问子系统

基础地理信息平台数据访问子系统要求能从数据仓库中快速获取系统所需的源数据和历史数据，满足后续应用的需求。基础地理信息平台数据访问子系统包括数据获取、数据地理编码两项具体功能，子系统的具体功能如表7-1所示。

基础地理信息平台数据访问子系统功能

表7-1

功能编号	功能名	功能描述
F1	数据获取	从数据中心数据库请求实时数据和历史数据，用于可视化和分析应用，并符合以下要求： 1. 静态历史数据访问速度反应时间不超过1s； 2. 首次访问动态数据速度反应时间不超过1s； 3. 支持数据请求的高容错性； 4. 支持静态数据缓存功能； 5. 支持多源异构数据
F2	数据地理编码	将评估后的基础地理信息平台数据根据统一的地理参考和线性参考标准，对各类静态和动态数据进行地理编码，以便在GIS数据上数据进行精确标定，要求实现以下两类功能： 1. 通过属性字段匹配方式进行地理编码； 2. 通过位置拓扑关系进行地理编码

2)基础地理信息平台专题地图可视化子系统

根据国家地图制图和高速公路图例标准，对各类与位置相关的动态和静态数据进行地图符号化、快速生成各类基础地理信息平台专题地图，为各类用户提供专题地图可视化服务。基础地理信息平台专题地图可视化子系统包括基础数据地图可视化、实时数据地图可视化、历史数据地图可视化三项具体功能，子系统的具体功能如表7-2所示。

基础地理信息平台专题地图可视化子系统功能

表7-2

功能编号	功能名	功能描述
F1	基础数据地图可视化	在地图上精确标定各种设施，设备的空间位置，为监控中心和其他用户提供可视化服务，包括： 1. 设备(标志牌、提示牌、监控视频、各类传感和检测设备)； 2. 基础设施(桥、收费站、服务区、医疗急救点)； 3. 其他基础地理信息数据(山丘、水系、居民区、周边高速路网等)
F2	实时数据地图可视化	采用动态分段技术，对路段进行任意粒度的分割，并用特定的符号表示某时刻的道路运行状态，状态量包括： 1. 流量、平均车速、占有率、车头时距、车流达到分布等车流量(等级)； 2. 事故、天气信息

续上表

功能编号	功 能 名	功 能 描 述
F3	历史数据地图可视化	对历史数据库的统计分析结果，提供查询与分析的地图可视化服务： 1. 历史车流量统计信息(饼图、直方图等)； 2. 历史事故统计信息(点密度图、折线图、饼图等)； 3. 历史天气统计信息(饼图、直方图等)

3)基础地理信息平台事故可视化与分析子系统

基础地理信息平台事故可视化与分析子系统，利用数据中心的 GIS 数据和交通数据对交通事故造成的空间影响范围、影响程度、影响持续时间等进行可视化，同时实现对应急资源调配优化、后勤救援优化的仿真等功能。基础地理信息平台事故可视化与分析子系统包括空间范围影响评测、影响程度评测、持续时间影响评测、交通事件(事故)影响参数指标计算、客运出行路径优化、应急资源调配优化、执勤车辆调配、集群模块八项具体功能，子系统的具体功能如表 7-3 所示。

基础地理信息平台事故可视化分析子系统功能 表 7-3

功能编号	功 能 名	功 能 描 述
F1	空间范围影响评测	1. 确定各路段在正常交通条件下的交通流特征参数(流量、平均车速、占有率、车头时距、车流达到分布等)指标； 2. 通过各种交通数据采集途径，获取各路段各种实时交通流特征参数值； 3. 将路段当前交通流特征参数值与正常参数值进行比对，进而确定出交通事件(事故)的影响范围
F2	影响程度评测	1. 建立交通事件(事故)对于道路交通影响的测评体系，进而建立交通事件影响评价指数； 2. 分别建立各种交通流特征参数与评价指标之间的函数关系模型； 3. 利用相关分析方法，分析各交通流特征参数对于评价指数的影响程度； 4. 建立交通事件(事故)影响程度实时评测模型，并对模型进行标定
F3	持续时间影响评测	1. 对交通流特征参数的变化情况进行预测； 2. 确定出交通流参数趋于正常所需要的时间； 3. 确定交通事件影响“动态”持续时间
F4	交通事件(事故)影响参数指标计算	对交通事件(事故)影响参数指标进行计算，该模块要求实现如下功能： 1. 交通事件(事故)影响相关模型构建； 2. 应用数据，计算影响范围、程度、持续时间
F5	客运出行路径优化	1. 预测高速各路段交通流量； 2. 建立动态交通路网； 3. 确定实时交通路径
F6	应急资源调配优化	1. 由于突发事件的严重程度各有不同，需要根据其严重程度，选择不同的资源调配策略，并建立不同的路径优化选择模型，从而确定出各种情况下的应急资源调配路径实时优化选择方案； 2. 根据交通信息的更新，考虑交通状态改变对于应急资源调配路径优化选择模型的影响，并据此对模型进行纠偏与修正

续上表

功能编号	功能名	功能描述
F7	执勤车辆调配	根据交警、救援车辆的 GPS 当前位置抽取合适警力和救援人员
F8	集群模块	实现将子系统服务器集中起来进行并行计算及互相备份的功能。要求实现如下功能： 1. 支持程序包的动态部署； 2. 支持主机的动态增加和减少； 3. 支持动态的集群参数配置； 4. 支持集群的定时器管理

4）基础地理信息平台微观仿真子系统

基础地理信息平台微观仿真子系统针对高速公路特定节点（桥梁、卡口、服务设施）进行三维模拟，建立桥梁和卡口的真三维模型，对数据中心的交通流数据、路桥养护场景、事故场景、实时交通特性及驾驶员特征等微观交通信息进行仿真和演示。基础地理信息平台微观仿真子系统包括三维模型数据管理、路段交通特性及驾驶特性分析、动态基础地理信息平台数据预测、动态微观仿真验证四项功能，子系统的具体功能如表 7-4 所示。

基础地理信息平台微观仿真子系统功能 表 7-4

功能编号	功能名	功能描述
F1	三维模型数据管理	1. 根据基础设施（桥梁和卡口）三维扫描数据，建立三维数据模型； 2. 提供国内外多种三维数据模型格式的导入导出接口； 3. 建立用于三维表达的纹理库和场景库，提供动态车辆对象的三维样式选择、模型参数设置
F2	路段交通特性及驾驶特性分析	1. 分析各路段道路几何特征； 2. 分析路段的交通特性； 3. 分析各类驾驶员在不同路段的驾驶特性
F3	动态基础地理信息平台数据预测	1. 根据各路段实际交通特性及驾驶员特征，对模型进行标定； 2. 利用预测模型，对未来时段数据进行预测，并根据实时数据对模型进行动态优化修正
F4	动态微观仿真验证	1. 结合实际道路特征与驾驶特性，利用预测出的交通流特征，对各路段微观交通状态进行仿真； 2. 验证交通管理方案对于道路交通管理的实际效果

5）动态基础地理信息平台数据输出子系统

动态基础地理信息平台数据输出子系统用于将系统生成的仿真数据经过格式转换、数据规格统一等处理后根据所要求的格式输出。动态基础地理信息平台数据输出子系统包括数据格式转换、数据规格统一、集群模块、数据输出四项具体功能，子系统的具体功能如表 7-5 所示。

6）基础地理信息平台道路设施养护管理子系统

基础地理信息平台道路设施养护管理子系统在 GIS 图形工作界面上实现公路养护信息的可视化表达和管理，为用户提供图形化的操作界面，同时根据需要，挂接各类公路养护管理模块。基础地理信息平台道路设施养护管理子系统包括设施可视化、动态信息追踪和数据更新、数据共享与输出三项具体功能，子系统的具体功能如表 7-6 所示。

动态基础地理信息平台数据输出子系统功能 表 7-5

功能编号	功 能 名	功 能 描 述
F1	数据格式转换	将基础地理信息平台仿真的路段基础地理信息平台特征根据后续发布要求进行合并与转换的功能。要求实现如下功能： 1. 对格式进行标准定义； 2. 将其他格式转换为标准格式
F2	数据规格统一	将转换后路段基础地理信息平台数据根据后续输出要求进行数据格式规格统一处理
F3	集群模块	将子系统服务器集中起来进行并行计算及互相备份。要求实现如下功能： 1. 支持程序包的动态部署功能； 2. 支持主机的动态增加和减少； 3. 支持动态的集群参数配置； 4. 支持集群的定时器管理
F4	数据输出	将处理后的道路基础地理信息平台数据输出。要求实现如下功能： 1. 数据输出格式标准化； 2. 输出数据输出模块

基础地理信息平台道路设施养护管理子系统功能 表 7-6

功能编号	功 能 名	功 能 描 述
F1	设施可视化	1. 在电子地图上能直观地显示各类公路及其构筑物（桥梁、涵洞、隧道、匝道等），以及所对应的属性信息； 2. 路段属性数据多媒体信息的可视化，能够显示其一般属性信息外，还能显示图片、录像等信息
F2	动态信息追踪和数据更新	1. 提供执勤记录和执勤车辆的位置查询； 2. 提供养护数据采集设备相连接的接口，如路面平整度仪、弯沉仪、裂隙检测仪等
F3	数据共享与输出	1. 实现与其他路桥公司之间数据的有效传递； 2. 对数据汇总，生成各类报表、统计与输出

7）基础地理信息平台可视化与分析系统管理子系统

基础地理信息平台可视化与分析系统管理子系统为其他各子系统提供功能支持，该系统包括进程管理、系统登录、安全认证管理、查询统计、操作日志查询、系统运行日志管理六项具体功能，子系统的具体功能如表 7-7 所示。

基础地理信息平台可视化与分析系统管理子系统功能 表 7-7

功能编号	功 能 名	功 能 描 述
F1	进程管理	对各子系统当前所运行的各进程进行管理
F2	系统登录	设置系统登录系统名称、用户名称、密码等登录内容。要求实现如下功能： 1. 用户登录和验证功能； 2. 用户日志功能； 3. 用户审计功能； 4. 界面可视化管理配置功能

续上表

功能编号	功 能 名	功 能 描 述
F3	安全认证管理	要求实现如下功能： 1. 支持 SNMP、数据库表、日志文件等多种方式的告警； 2. 告警时延要求小于 200ms； 3. 告警信息自动备份功能； 4. 支持告警信息分级
F4	查询统计	对各子系统的模块实时与历史运行状态进行查询。要求实现如下功能： 1. 实时运行状态查询； 2. 历史运行状态查询
F5	操作日志查询	系统日志用于记录系统中硬件、软件和系统故障的信息，同时还可以监视系统中发生的事件。要求实现如下功能： 1. 硬件运行情况查询； 2. 软件运行情况查询； 3. 系统运行情况查询
F6	系统运行日志管理	对日志管理模块进行管理和控制。要求实现如下功能： 1. 日志管理模块运行情况监视； 2. 日志管理模块运行管理； 3. 日志管理模块调整控制

7.4 系统架构

数据库中数据通过数据接口进入基础地理信息平台，基础地理信息平台在 GIS 数据的基础上，删除与本系统无关的基础地理信息，针对智能交通的数据需求，增补交通专用数据，形成基础地理信息平台数据，在此基础上扩展包括微观仿真等在内的功能应用，基础地理信息平台系统结构如图 7-2 所示。

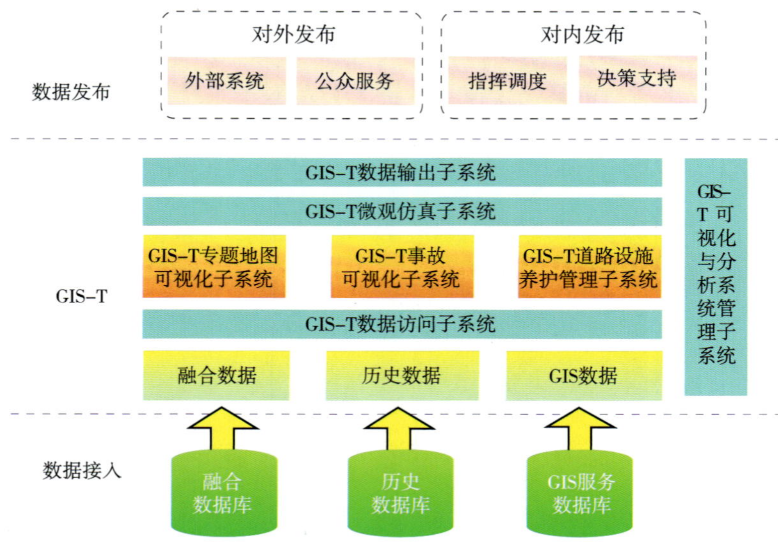

图 7-2 基础地理信息平台系统结构图

7.5 技术指标

动态交通地理信息(基础地理信息平台)仿真分析系统的技术指标要求:

1)数据规范

(1)道路数据分类和命名规则采用《国家高速公路网命名和编号规则》(JTG A03—2007)。

(2)高速公路及其设施的符号库依据国家有关符号库标准建立。

(3)GIS 基础数据采用国家 2000 大地坐标系,国家 85 高程基准,采用经纬度坐标,精确小数点后 8 位,满足 GIS 基础数据的比例尺需求。

(4)高速公路路段数据依据高速公路名/公路里程,国家高速公路网里程桩号建立线性参考系统。

(5)在上述坐标参考系统框架中,建立用于三维仿真的局部坐标系。

(6)GIS 数据格式依据《地球空间数据交换格式》(GB/T 17798—2007)国家标准。

2)技术规范

网络通信符合国家运输 ITS 通信协议(NTCIP 协议)以及 LDM3 体系框架,充分满足现代智能交通系统的要求。

3)性能要求

(1)性能:数据共享时效为:图片信息发布时间不大于 10s,地图服务发布时间不大于 10s,微观仿真场景信息发布时间不大于 10s,文字信息发布时间不大于 5s;支撑高峰并发量大于 1000 次/s。

(2)系统可靠性:计算机系统应采用高可用性结构、容错结构或其他可靠性技术,同时对重要硬件部分应可以采用双备份。系统的硬件和软件相互配合,提供对系统自身故障的管理能力。

(3)系统稳定性:系统稳定性应达 99%。

(4)系统可维护性:系统应具备集中操作维护功能,实现系统自身的完善的维护和管理,包括远程操作终端维护、集中数据修改,以达到性能检测、故障恢复和动态配置。

8 硬件支持及安全保障

8.1 硬 件 配 置

8.1.1 硬件配置建议标准

对数据中心设计，有两类建设建议：存储及其他硬件配置。

1) 存储建议

根据数据库的所占空间、系统数据所占空间以及磁盘损失等总容量，确定数据中心存储容量建议（如表 8-1 所示）。数据中心存储容量最低配置至少为 3TB。

存 储 建 议 表

表 8-1

序号	信 息 内 容	单位数据量（KB）	保存周期（天）	小计(GB，不足 0.1 按 0.1 计)
一	多源采集数据库			
1	手机交通状态数据	0.1	30	7.56
2	卫星定位源数据	0.2	30	0.26
3	气象源数据	0.3	30	3.8
4	交调源数据	0.7	30	0.73
5	收费车辆源数据	0.5	30	7.2
6	其他采集源数据	0.5	30	1.5
二	GIS 基础数据库			
1	路段基础数据	500000	—	0.5
2	立交枢纽基础数据	10000	—	0.1
3	收费站基础数据	10000	—	0.1
4	服务区基础数据	10000	—	0.1
5	出入口节点基础数据	10000	—	0.1
6	外场设备基础数据	15000	—	0.1
三	数据融合数据库			
1	多源融合数据	0.1	30	7.56
四	专题数据库			
1	交通状态数据	0.5	30	37.8
2	12 类交通事件数据	3.5	30	0.1
3	气象数据	0.5	30	3.8
4	视频截图数据	200	15	260
5	应急资源数据	0.8	30	0.1
6	情报板数据	0.4	30	1.5
7	收费车辆数据	0.5	30	7.2
五	历史数据库			
1	交通状态数据	0.5	365	460

续上表

序号	信 息 内 容	单位数据量（KB）	保存周期（天）	小计（GB，不足 0.1 按 0.1 计）
2	12 类交通事件数据	3.5	365	1.2
3	气象数据	0.5	365	46.2
4	应急资源数据	0.8	365	1.2
5	情报板数据	0.4	365	18.25
6	收费车辆数据	0.5	365	87.6
7	卫星定位数据	0.2	365	3.2
8	交调数据	0.7	365	8.9
9	其他采集数据	0.5	365	15.8
六	应用系统数据			
1	工程养护数据	0.5	365	5
2	资产管理数据	0.5	365	5
3	服务区运营数据	0.5	365	5
4	综合办公数据	0.5	365	10
七	系统数据			
1	数据库系统数据	—	7	300
2	集群数据库备份数据	—	7	1200
八	其他业务数据	0.1GB	7	0.7
九	磁盘格式化损失	10%		
十	预留存储空间	20%		
合计		3483.6		

2）其他硬件配置建议

硬件配置建议如表 8-2 所示。

硬件配置建议表 表 8-2

序号	设 备 名 称	设 备 类 型	数量（台）
数据中心网络系统			
1	核心交换机		2
2	防火墙		2
3	网络交换机	SFP 模块（2+1）	14
4	终端 PC 机		3
数 据 库			
1	采集数据库服务器	高档服务器	1
2	应用数据库服务器	高档服务器	2
3	历史数据库服务器（硬盘满配）	高档服务器	2
4	GIS 服务数据库服务器	高档服务器	1
5	Data Guard 服务器	高档服务器	2

续上表

序号	设备名称	设备类型	数量(台)
6	备用数据库服务器	高档服务器	1
7	光交换机	16 端口	2
8	磁盘阵列	9TB 磁盘空间	2
9	NAS	64TB 磁盘空间	2
数据交互系统			
1	交互系统 server 服务器	高档服务器	3
2	交互系统文件服务器	低档服务器(硬盘满配)	4
3	交互系统 client 服务器	低档服务器	7
数据融合处理系统			
1	融合服务器	低档服务器	3
2	GIS 服务器	高档服务器	1
交通状态实时预测系统			
1	交通状态预处理服务器	低档服务器	1
2	交通状态预测服务器	低档服务器	2
交通状态指数分析系统			
1	交通事件分析处理服务器	低档服务器	1
2	交通拥挤预测服务器	低档服务器	2
数据共享系统			
1	数据处理服务器	低档服务器	5
2	数据发布服务器	低档服务器	3
基础地理信息平台			
1	基础地理信息平台可视化分析服务器	高档服务器	1
2	基础地理信息平台微观仿真服务器	低档服务器	2

8.1.2 硬件参数指标

江苏智慧高速公路数据中心相关高档服务器、低档服务器、核心交换机、防火墙等主要硬件设备的指标如表 8-3 ~ 表 8-6 所示。

高档服务器的主要参数 表 8-3

指标项	技术规格
品牌	通过对国内、外服务器性能进行调研，建议国内从华为、曙光等品牌中选择；国外从 IBM、惠普等品牌中选择
处理器类型	Intel Xeon E7-4800 v2 系列处理器
处理器规格	采用 E7-4830 v2 处理器，主频 2.20 GHz，10 核，L3 Cache≥20MB
处理器数量	处理器配置数目：4 个
内存	内存类型：ECC DDR3 1333MHz，或者 1600MHz RDIMM 内存插槽
	内存配置容量 1：128GB，单条内存 16GB 内存配置容量 2：64GB，单条内存 16GB

续上表

指　标　项	技　术　规　格
本地存储	内置硬盘类型：热插拔2.5英寸SAS/SATA/SSD硬盘
	硬盘配置容量数目1：2块，单块要求600GB，转速10000r/min 硬盘配置容量数目2：8块，单块要求600GB，转速10000r/min
	最大支持23块硬盘
	配置独立RAID卡，支持RAID 0/1/10/5带电池保护，保证断电后数据安全
I/O扩展	PCI-E I/O插槽总数：≥4个
板载网卡	配置5个GE网络以太网接口，支持板载10GE或GE灵活配置
HBA卡	配置1块双口8G FC卡
DVD	配置DVD光驱
内存保护	支持内存镜像
	支持内存备用
电源	满配冗余热插拔电源，并提供配套的电源连接线
风扇	满配冗余风扇，支持单风扇失效，风扇支持热插拔，支持免开箱维护
管理维护功能	1. 集成系统管理处理器支持：风扇监视和控制、电源监控、温度监控、启动/关闭、按序重启、本地固件更新、错误日志，可通过可视化工具提供系统未来状况的可视显示； 2. 具有图形管理界面及其他高级管理功能； 3. 配置独立的远程管理控制端口，支持远程监控图形界面
服务	要求提供实际生产厂商三年硬件现场7×24小时服务
温度	工作温度：5～35℃

低档服务器的主要参数　　表8-4

指　标　项	参　　数
品牌	通过对国内、外服务器性能进行调研，建议国内从华为、曙光等品牌中选择；国外从IBM、惠普等品牌中选择
处理器	本次配置处理器配置数目：2颗Intel E5-2600 V2系列CPU
	主频2.4GHz，10核，L3 Cache≥25MB
内存	内存类型：ECC DDR3 800/1066/1333/1600 RDIMM/LRDIMM内存插槽 内存类型：ECC DDR3 1.35V低电压内存； 内存配置容量1：64G DDR3； 内存配置容量2：16G DDR3； 内存扩展能力：≥24个插槽，最大容量768GB
存储	内置硬盘类型：热插拔SAS/SATA硬盘；可选2.5英寸或3.5英寸硬盘； 硬盘扩展能力：可扩展≥26个2.5寸硬盘槽位 硬盘配置数目1：2块2.5寸，单块要求600GB，转速≥10000r/min 硬盘配置数目2：8块2.5寸，单块要求600GB，转速≥10000r/min 配置磁盘阵列卡，支持RAID 0/1/10/5带电池保护，保证断电后数据安全
集成网口	本次配置4个千兆GE网口

续上表

指 标 项	参 数
DVD	配置 DVD 光驱
I/O 扩展	PCI-E I/O 插槽总数：≥4 个，支持 PCIe X16
HBA 卡	本次配置 1 块双口 8G HBA 卡
电源	满配冗余热插拔电源，并提供配套的电源连接线
风扇	满配冗余风扇，支持单风扇失效
管理维护功能	1. 集成系统管理处理器支持：自动服务器重启、风扇监视和控制、电源监控、温度监控、启动/关闭、按序重启、本地固件更新、错误日志，可通过可视化工具提供系统未来状况的可视显示； 2. 具有图形管理界面及其他高级管理功能； 3. 配置独立的远程管理控制端口，支持远程监控图形界面
服务	要求提供实际生产厂商三年硬件现场服务

核心交换机的主要参数 表 8-5

功 能 类 别	技术要求及指标
交换容量	交换容量≥560Gbps
包转发率	包转发率≥210Mpps
业务槽位	业务槽位≥6 高度≤10U
硬件要求	主控、风扇 1+1 冗余，支持风扇模块分区管理，支持风扇自动调速，支持热拔插
虚拟化技术	支持将多台物理设备虚拟化为一台逻辑设备，虚拟组内可以实现一致的转发表项，统一的管理，跨物理设备的链路聚合
VLAN	支持 4K VLAN；支持 1：1，N：1 VLAN mapping；支持端口 VLAN，协议 VLAN，IP 子网 VLAN；支持 Super VLAN；支持 Voice VLAN；支持 PVLAN 或类似技术
二层功能	支持 IEEE 802.1d(STP)、802.w(RSTP)、802.1s(MSTP)
路由协议	支持静态路由；支持 RIP V1、V2，OSPF，IS-IS，BGP；支持 IP FRR；支持路由协议多实例；支持 GR for OSPF/IS-IS/BGP；支持策略路由
组播协议	支持 IGMP Snooping V1，V2，V3；支持 PIM-SM/DM/SSM；支持 MLD V1，V2；支持 IGMP Proxy
QoS 协议	支持 SP，WRR，DWRR，SP+WRR，SP+DWRR 调度方式； 支持双向 CAR； 提供广播风暴抑制功能； 风暴控制支持 shutdown 端口或拒绝转发的安全策略下发； 支持 WRED； 支持 GE 端口平均每端口支持 200ms 的大缓存，要求提供原厂官网公开链接证明
安全性	支持 802.1X；MAC 地址认证；支持 CPU 保护技术，支持 CPU 保护技术，提供权威第三方机构测试报告，提供原厂官网公开链接证明
可靠性	支持独立的硬件监控模块，控制平面和监控平面物理槽位分离，支持 1+1 备份，能集中监控板卡、风扇、电源、环境，能调节能耗，提供原厂官网公开链接证明
	支持 G.8032 开放环或 SEP、REP 半环协议，可与其他厂商设备混合组网，要求倒换时间≤50ms，提供第三方测试报告，提供原厂官网公开链接证明，可测试

续上表

功能类别	技术要求及指标
绿色节能	支持能效以太网功能，IEEE 802.3az，提供原厂官网公开链接证明；提供第三方绿色节能认证证书
安全认证	支持 CC 认证，提供证书，提供原厂官网公开链接证明
设备管理	支持 SNMP V1/V2/V3、Telnet、RMON、SSHV2
	支持通过命令行、中文图形化配置软件等方式进行配置和管理
	支持在线设备批量补丁，配置文件，启动文件等自动按需下发升级；支持坏件零配置更换升级
配置要求	单台配置 2 个冗余电源，2 个冗余引擎，24 千兆光接口，48 千兆电接口，12 个万兆光接口

防火墙的主要参数　　表 8-6

功能类别	技术要求及指标
硬件平台架构	采用非 X86 多核架构，处理器最低配置为 32 核(需说明处理器品牌及型号)，16GB 内存
接口类型和数量	固定端口：2×10GE+8GE+8SFP 扩展插槽≥6 个 接口最大可扩展到：14 个万兆+64 千兆
防火墙吞吐量	≥10Gbps
最大并发连接	≥300 万
每秒新建连接	≥10 万
IPSEC VPN 数量	配置 VPN 隧道数 15000 个
虚拟化	配置 500 个虚拟防火墙
设备管理	与交换机设备共网管
产品证书	具有中华人民共和国公安部颁发的《计算机信息系统安全专用产品销售许可证》 具有中国国家保密局测评中心颁发的《涉密信息系统产品检测证书》 具备《计算机软件著作权登记证书》
配置要求	单台配置双电源

8.2 安全管控

江苏智慧高速公路数据中心建设的安全管控体系主要包括物理安全管理、主机安全管理、网络安全管理、应用安全管理、数据安全管理和安全制度管理。

8.2.1 物理安全管理

为确保数据中心的机房物理平台安全，应做好以下两项措施：

(1)严格把控机房申请和审批流程，并做好人员进出登记记录；

(2)配备相关安全防盗设备。

8.2.2 主机安全管理

主机安全应具备身份鉴别、访问控制、入侵防范和恶意代码防范的功能。

1）身份鉴别

要求应对登录操作系统和数据库系统的用户进行身份标识和鉴别。

2）访问控制

（1）根据不同的服务器操作系统采用相应的访问控制。Windows 服务器启用账户锁定策略，要求满足口令长度和复杂度要求以及定期更新口令；UNIX 服务器启用登录口令的长度和复杂度要求，以及定期更新口令；Linux 服务器启用登录口令的长度和复杂度要求、账户锁定策略以及定期更新口令。对服务器设置登录超时账户锁定。

（2）对客户端设置不同账号，进行分权管理。

（3）对远程登录功能实施安全控制，并通过 VPN 管理，实现远程安全管理。

3）入侵防范

（1）服务器统一安装防病毒软件，并定期更新病毒库，保证系统安全。另外设置一台专用防病毒服务器，对防病毒软件统一进行管理。

（2）服务器操作系统遵循最小化安装的原则，仅安装必需的组件和应用程序，并保持系统及时更新。

8.2.3 网络安全管理

（1）在外网防火墙配置安全访问控制规则，对外网服务进行细分，实施不同的安全策略，确保内网安全。

（2）在内网根据不同类型业务需求划分 VLAN，不同 VLAN 对应不同的业务，确保各项业务之间互不影响。

（3）配备专门的杀毒软件管理服务器，对设备进行统一的软件杀毒管理。

（4）配备专门的日志管理服务器，统一进行日志管理，监控，及时发现安全隐患，解决问题。

（5）依据条件，对网络设备配置 ssh、https 等安全管理服务，并且采用高复杂度口令设置，定期更换口令，实现远程安全管理。

8.2.4 应用安全管理

（1）设计应用系统审计功能、系统管理功能。

（2）对系统账号、密码进行高复杂度管理，并对账号 ID 进行唯一性校验。

（3）根据实际情况，对数据内容进行压缩、加密处理。

（4）应提供数据有效性检验功能，保证通过人机接口输入或通过通信接口输入的数据格式或长度符合系统设定要求。

8.2.5 数据安全管理

（1）应能够检测数据在传输过程中完整性受到破坏，具备对重要数据进行完整性校验功能。

（2）对数据进行定期备份，包括日志备份、完整备份和增量备份。定期进行数据恢复测试，验证数据有效性。应能够对重要信息进行备份和恢复。

8.2.6 安全制度管理

（1）建立日常管理活动中常用的安全管理制度；应指定或授权专门的人员负责安全管理制度的制定。

（2）组织设立系统管理员、网络管理员、安全管理员等岗位，并定义各个工作岗位的职责。据各个部门和岗位的职责明确授权审批部门及批准人，对系统投入运行、网络系统接入和重要资源的访问等关键活动进行审批。应对各个岗位人员进行和专业培训和继续教育，并确保其具有基本的专业技术水平和安全管理知识。

参考文献

[1] 钟景华，朱利伟，曹播，等. 新一代绿色数据中心的规划与设计[M]. 北京：电子工业出版社，2015：80-81.

[2] 杨欢. 云数据中心构建实战核心技术、运维管理、安全与高可用[M]. 北京：机械工业出版社，2014：32-44.

[3] 中华人民共和国国家标准. GB 50174—2008　电子信息系统机房设计规范[S]. 北京：中国计划出版社，2009.

[4] 马秀芳，李红岩. 计算机虚拟化技术浅析[J]. 电脑知识与技术，2010(33)：9408-9409.

[5] 江俊. 浅谈绿色数据中心[J]. 湖南烟草，2010(05)：56-57.

[6] 辛华. 浅析数据存储虚拟化：2010 年云南电力技术论坛. 昆明，2010.

[7] 李琼，汪审权，方粮，等. SAN 存储技术研究[J]. 计算机工程，2003(19)：165-167.

[8] 袁溪. 数据挖掘技术及其应用[J]. 科技资讯，2010(10)：22-24.

[9] 霍涛涛，杨玲，周涛，等. 高校数据中心机房基础工程建设与实践研究[J]. 中国电子商务，2012(4)：44-46.

[10] 汪芳，陈清金，房秉毅. 互联网数据中心安全管理[J]. 中兴通讯技术，2012(04)：23-26.

[11] 程容斌，王宏，杜勇，等. 数据中心网络结构综述[J]. 电脑知识与技术，2011(35)：9029-9032.

[12] 东南大学. 江苏省高速公路网运营与服务智能化平台设计[R]. 2013.

[13] 蔡森焱，徐畅，任勇毛. 云计算环境中的数据中心网络架构设计[J]. 科研信息化技术与应用，2012(03)：20-28.

[14] 余侃. 云计算时代的数据中心建设与发展[J]. 信息通信，2011(06)：100-102.

[15] 姚书怀，刘兴伟. 大型数据中心海量数据存储解决方案的设计[J]. 四川工业学院学报，2004(S1)：27-30.

[16] 钟景华，朱利伟，曹播. 绿色数据中心节能设计与建设探索[J]. 智能建筑与城市信息，2009(10)：21-30.

[17] ANSI/TIA. Telecommunications Infrastructure Standard for Data Centers，ANSI/TIA-942. 2500 Wilson Boulevard Arlington. VA22201U. S. A：TIA Standards and Technology Department，2005.

[18] 王光宏，蒋平. 数据挖掘综述[J]. 同济大学学报(自然科学版)，2004(02)：246-252.

[19] 王大龙，秦琦. 关于数据挖掘原理与算法的浅析[J]. 科技创新导报，2010(02)：193.

[20] 张焱，欧阳一鸣，王浩，等. 数据挖掘在金融领域中的应用研究[J]. 计算机工程与应用，2004(18)：208-211.

[21] 冯斯苑. 零售业中的数据挖掘[J]. 电脑知识与技术(学术交流)，2007(04)：921-922.

[22] 汤小文，蔡庆生. 数据挖掘在电信业中的应用[J]. 计算机工程，2004(06)：36-37.

[23] 刘佳，杜雪涛，朱文涛，等. 互联网数据中心安全解决方案[J]. 电信工程技术与标准化，2010(02)：25-29.

[24] 黄锴，钱杰，潘秀青. 绿色数据中心由概念到实现[J]. 智能建筑，2008(07)：21-25.

[25] 王庆波. 虚拟化与云计算[M]. 北京：电子工业出版社，2009.

[26] 安雪松. 浅谈数据中心机房建设与规划[J]. 科技信息，2014(06)：157-158.

[27] 张海亮. 省级交通数据中心建设刍议[J]. 中国交通信息产业，2007(12)：115-116.

[28] 赵吉志，李金，姚翠楠. 云计算数据中心及标准化发展[J]. 信息技术与标准化，2011(03)：30-34.

[29] 孙玉光，庞小培. 浅析交通行业数据中心的构建[J]. 公路交通科技(应用技术版)，2013(05)：259-260.

[30] 郭亚中，唐梦侠，季锦章，等. 现有交通数据中心的升级方案研究[J]. 中国交通信息化，2013(S1)：36-38.

[31] 王浩森，张健，何赏璐，等. 高速公路营运管理综合数据中心框架设计研究[J]. 交通信息与安全，2014(01)：68-73.

[32] 何赏璐，冉斌，张健，等. 省域高速公路网运营与服务信息化平台研究[J]. 交通运输工程与信息学报，2015(2)：50-57.